나는 품위 있게 죽고 싶다

죽음으로 완성하는
단 한 번의
삶을 위하여

나는 품위 있게 죽고 싶다

윤영호

인터렌스

먼저 세상을 떠난 사랑하는 어머니, 아버지, 누나, 동생

그리고 삶과 죽음을 가르쳐주신 분들께

이 책을 바칩니다.

삶을 완성할 한 번뿐인 기회

김치가 익어 요리를 통해 음식으로 완성되듯이, 인생이 익어 죽음을 통해 삶으로 완성된다. 인생은 살아있는 동안 익어서 완성되지 않는다. 삶의 마지막 순간, 죽음에 이르러서야 온전히 익는다. 그런데 죽음에 이를 때 우리가 기억하는 것은 가장 행복한 순간과 가장 힘든 순간 그리고 자신의 마지막 모습이다.

에리히 프롬은 《자유로부터의 도피》에서 "인간은 독재자 히틀러가 될 수도 있고 성인 프란치스코가 될 수도 있는 존재"라고 말했다. 우리 인간은 비록 동물로 태어났어도 살아가는 동안 신만큼이나 위대한 존재를 꿈꿀 수 있는 존재다. 그러나 우리는 유한

한 인간이기에 결국 죽는다. 그렇다고 죽음의 순간 우리는 마치 세상에 존재하지 않았던 듯 먼지처럼 사라져야 할까? 단 한 번뿐인 인생을 세상에서 금세 잊히고 지워지고 의미 없는 삶으로 끝낼 것인가? 아무런 준비도 하지 못한 채 갑자기 죽는다면 얼마나 허망할까? 허망하고 비참하게 마지막을 맞이할 수밖에 없을까? 그리고, 죽음은 과연 그저 개인의 문제일까?

그 누구도 죽음을 피할 길은 없다. 더욱이 나이가 들면서 두려운 것은 죽음뿐만이 아니다. 고령자의 사망은 자연의 섭리로 받아들일 수 있을지언정 혼자 외롭고 힘들게 살아내다가 원치 않던 '고독사'와 마주하는 노인들의 이야기는 슬프다. 앞으로 이런 독거 노인들이 더 많아지리라는 전망은 더욱 슬프다.

우리를 슬프게 하는 것은 또 있다. 질병과 죽음을 삶의 적으로만 규정하고 더 오래 살려는 방법에만 집착하느라, 절대로 피할 수 없는 죽음을 부정한 채 생명 연장에만 골몰하고 있다는 점이다. 한마디로 '죽을 때까지' 치료하는 것이다. 이로 인해 죽음을 준비하고 삶을 완성할 시간은 사라진다. 생명 연장이 불가능한 시점에도 치료는 계속된다. '치료 중단'은 곧 '생명 포기'로 인식되기 때문이다. 이 같은 의료 집착이 죽음을 삶의 완성으로 승화시킬 기회를 박탈한다. 심폐소생술을 받고 중환자실에서 인공호흡기에 매달려 아무 말도 못 하고 세상을 떠나야 하는 이 기막힌 상황을 최선이라고 여기는 현실이 너무나도 슬프다.

때를 놓쳐서는 안 된다. 움직일 수 있을 때, 말할 수 있을 때 삶을 완성할 시간이 확보돼야 한다. 물론 건강을 회복할 수 있다면 더할 나위 없이 좋겠지만, 그 어떤 방법으로도 죽음을 피할 수 없는 때를 결코 놓쳐서는 안 된다. 삶을 완성할 수 있는 단 한 번의 기회다. 그 기회가 박탈당해서는 안 된다. 인간으로서 정신적·영적 역할을 하지 못하고, 인간으로서 품격을 갖추지 못한 채 침대에 묶여 무작정 죽음만을 기다리고 싶은 사람이 있을까?

죽음은 개인의 문제가 아니다. 왜냐하면 우리 마음대로 죽을 수도 없기 때문이다. '법'이 그렇게 놓아두지 않는다. 앞으로 살펴보겠지만, 회복 불가능한 불가역적 질병 과정에 있는 환자의 감당할 수 없는 고통을 사회가 해결해주지도 않으면서 개인과 가족의 책임은 그대로 둔 채 생명을 연장하는 모든 의료 행태는 고문이나 마찬가지다.

의미 있는 삶을 마무리하는 시간이 아닌 비참한 고통의 시간만을 연장하는 의료를 중단하는 것은 인위적으로 수명을 단축하는 일이 아니다. 오히려 자연스럽게 죽음을 받아들이고 삶을 완성할 기회를 확보하는 일이다. 그래서 생명 경시가 아닌 생명 존중이다. 생명 연장에만 집착하던 의료 시스템은 삶의 완성으로 방향을 전환해야 한다. 하지만 연명의료 중단이 품위 있는 죽음을 의미하지는 않는다. 이를 오해하는 사람들이 아직도 많다. 정부 관료나 웰다잉 전문가조차 예외는 아니다. 여전히 품위 있는 죽음은 논의 선상에 오르지 못하고 연명의료 중단에만 머물고 있다. 이른바 '연명의료결정법' 시행 이후에도 연명의료에만 집착해 그저 중단하는 데에만 그치고 더 나아가지 못하고 있다. 품위 있는 죽음의 의미를 생각하고 준비할 정도로까지 사회가 성숙하지 못해서 그렇다.

2012년 80.9세이던 '기대 수명'은 2019년 83.3세로 늘었다. 2005년에는 78.2세였다. 14년 만에 5.1세로 높아진 것이다. 50년 뒤에는 90.1세로 추정되고 있다. 그렇지만 그사이에 혁명적인 의료기술이 나오지 않는 이상, 아마도 우리 세대에서 수명이 획기적으로 늘지는 않을 것이다.

게다가 기대 수명은 사실상 크게 중요하지 않다. 오래만 살면 그만일까? 진짜 중요한 것은 '건강 수명'이다. 2005년 68.6세이던 건강 수명이 2012년에는 65.7세로 줄었고, 2018년 기준으로는 64.4세에 불과하다. 기대 수명은 늘었는데 건강 수명은 오히려 짧아지는 기현상이 나타나고 있다. 기대 수명과 건강 수명 사이의 간극이 2005년에는 9.6세였는데 2018년에는 18.9세로 거의 2배나 늘어난 것이다. 병을 앓다가 죽는 기간이 점점 늘고 있다는 뜻이다. 우리의 불행한 노후를 예견하고 있어 마음이 착잡해진다. 더구나 새로 태어난 인구보다 사망자가 더 많으리라는 미래가 예고되면서 더 비관적인 생각이 든다. 통계청 자료에 따르면 사망자 수가 2025년에는 37만 2,000명, 2030년에는 42만 2,000명, 2040년에는 54만 9,000명, 2050년에는 70만 9,000명에 이른다. 장수가 축복인가 의문도 생긴다.

우리에게 죽음은 피할 수 없는 진실이다. 그렇기에 당장 죽는 상황이 아닐 때 미리 생각하고 정리하고 준비하는 것이 필요하다. 죽음을 무조건 어둡고 무서운 것으로만 여기지 말고 자주 죽음에 대해 이야기하는 사회 분위기를 만들어가야 한다. 죽음을 떠올린다고 죽는 것도 아니고, 죽음을 머릿속에서 멀리한다고 죽지 않는 것도 아니다. 역설적이게도 죽음을 생각하다 보면 삶을 생각하게 된다. 죽음에 대한 생각은 삶의 가치를 생각하게 하고, 주변 사람들과 세상에 감사하는 마음을 갖게 하며, 함께하는 삶을 더욱 풍요롭게 한다. 나는 이런 생각과 마음을 가족과 주변 사람들과 나눌 때 삶이 더 풍요로워진다고 확신한다. 이 사실을 더 많은 사람이 공감해야 한다.

인간은 생물학적 존재에서 사회적·정신적·영적 존재로 성장한다. 죽음은 전인적인 존재로서의 우리 삶을 완성해 의미 있는 개인의 전설로 승화하는 순간이다. 인간의 죽음이 갖는 의미와 가치는 동물의 죽음과는 달라야 한다. 이것이 내가 품위 있는 죽음을 이야기하는 이유다. 비단 위대하고 훌륭한 인물뿐 아니라 사회적 지위나 빈부격차를 떠나 국민 한 사람 한 사람 누구나 비교할 수 없는 고유한 존재로서 이 세상에 자신만의 전설을 남기고 떠나며, 그 삶이 또 다른 이의 삶 속에서 부활해 이어질 수 있도록 해야 한다. 70대는 10~20년, 50~60대는 20~30년 뒤에 떠날 준비를 지금 해야 한다.

　미리 준비한다면 더 좋다. 신약성서 〈마태복음〉에 등장하는 슬기로운 다섯 처녀처럼 미리 등불을 준비하고 깨어 있어야 한다. 그날이 언제 올지 모르면 모를수록 더욱 그래야 한다. 준비하지 않으면 어느 날 갑자기 기계에 매달린 채 무의식 상태로 비참한 죽음을 맞게 될 수 있다.

　나아가 죽음에 대한 준비는 개인의 노력만으로는 역부족이다. 사회와 국가가 함께 정책을 만들고 웰다잉 문화를 발전시켜야만 가능하다. 그러므로 개인과 사회가 연대해서 만들어나가야 한다. 우리와 우리의 미래 세대의 아름다운 마무리, 웰다잉을 향한 길을 함께 걸어야 한다.

우리 모두에게는 의미 있고 아름다운 삶의 이야기가 반드시 있다. 자신의 인생에 대해 정리하고 의미를 부여해서 죽음을 통해 완성되는 삶의 기록을 남기기를 바란다. 단순한 일기일 수도 있고 한 편의 자서전이 될 수도 있다. 무엇이든 상관없다. 삶의 마지막에 다다랐을 때 후회할 일을 적어도 하나는 줄일 수 있다. 우리 문화와 정서에 맞게 잘 정리할 수 있는 인생 노트를 만들고 작성을 도와줄 전문가인 웰다잉 플래너도 필요하다. 은퇴하는 이들을 웰다잉 플래너로 양성하면 좋은 일자리가 될 것이다.

품위 있는 죽음, 인간다운 죽음은 우리 모두의 기본 권리다. 누군가 모든 치료에도 불구하고 효과가 없어 병이 점점 악화해 수개월 내 죽음에 이를 수밖에 없다면 그 사람이 남은 할 일을 할 수 있도록 하자.

세상을 떠나기 전 우리에게는 시간이 필요하다. 너무 늦었다는 생각은 하지 말자. 미리 준비하면 좋았겠지만, 그렇지 못했더라도 남은 시간 동안 삶을 완성할 수 있도록 해야 한다. 죽는 것도 두렵지만, 죽을 때 사랑하는 사람이 아무도 곁에 없는 것이 더 두렵다. 그리고 가장 두려운 것은 의미 있는 삶으로 마무리하지 못하는 일이다. 벼랑 끝에서 끊어지는 밧줄을 잡은 손에 힘이 빠지

나는 품위 있게 죽고 싶다

는 상황에서 "사랑했고, 고마웠고, 행복했다"고 말할 것인가, 아니면 끝까지 힘을 쓰느라 아무런 말도 하지 못하고 떠날 것인가?

피할 수 없이 마주친 외딴 길 끝자락에 매달리기보다는 적극적으로 삶을 정리하고 의미를 부여할 시간을 가질 권리가 우리에게 있는 것이다. 그것은 다름 아닌 웰다잉, 품위 있게 죽음을 맞이할 권리다.

요컨대 죽음을 생각하는 것은 내 삶은 무엇이고 어떻게 살아왔는지, 그래서 어떻게 살아야 하는지 생각하는 기회이며 삶에 의미를 부여하는 일이다. 나는 죽음을 맞이한 수많은 환자를 지켜본 의사로서, 아무도 피할 수 없는 죽음을 삶의 끝으로 보기보다 삶의 완성으로 승화할 때 의미 있는 삶과 아름다운 마무리의 '역설적 희망'을 찾을 수 있다는 사실을 깨달았다. 내가 죽음에 대해 깊이 생각하게 된 까닭은 삶의 끝에 직면할 수밖에 없는 그 절망적인 순간을 어떻게 하면 희망의 순간, 끝이 아닌 새로운 시작으로 바꿔놓을 수 있을지를 깊이 고민했기 때문이다. 그와 같은 의미 있는 삶을 위해 어떻게 자연스러운 죽음을 준비하고 두려움이 아닌 희망으로 죽음을 맞이해야 할지 여러분과 함께 그 길을 찾아보고자 이 책을 쓰게 됐다.

나는 품위 있는 죽음에 대한 국민적 기대와 염원에 부응하지 못하고 여전히 웰다잉을 실현하지 못한 채 단지 기계적 연명의료 중단이 전부인 양 왜곡하고 있는 현실에 분노하며 죄책감마저 느낀다. 물론 연명의료 중단을 법제화까지 할 수 있던 것도 많은 분이 기꺼이 동참했기에 가능한 일이었다. 여기에 나는 한 걸음 더 나아가려고 한다. 단 한 번뿐인 삶을 마무리할 때 품위 있게 죽음을 맞이할 수 있도록 진정한 웰다잉 문화 운동을 시작하는 계기가 되기를 희망한다.

우리의 존재와 에너지는 사라지지 않는다. 다만 다른 형태로 변할 뿐이다. 그 변화를 소멸로 보느냐 재생으로 보느냐의 관점만이 다를 뿐이다. 우리는 죽음 이후에도 분자 또는 원자로 흩어져 세상 속에서 계속 존재한다. 존재의 연속성을 어떻게 보느냐에 따라 우리는 삶을 달리 보게 된다. 죽음은 끝이 아니고 재생이며, 새로운 생명의 시작이다.

세월과 세상의 풍파를 겪으며 죽음을 향해 가고 있는 우리의 삶은 단련된다. 죽음을 온전히 받아들이는 것을 넘어 승화할 수 있도록 스스로 노력하고 서로를 도와야 할 때다. 다음 생에는 더 잘 견뎌낼 수 있고 더 나은 삶이 되기를 기대하면서.

나는 내가 웰다잉에 관심을 갖는 것이 운명이라고 생각해왔다. 나는 의사다. 나는 삶을 소중히 여기지만, 그렇기에 죽음도 중요하게 여기는 의사다. 의사라면 생명을 중시하는 것만큼 죽음이라는 현실도 외면하지 말아야 한다. 의료 행위가 비참한 죽음이라는 부작용을 낳는다면 거기에 무슨 의미가 있을까? 나는 두려웠고, 의사로서 인간 삶의 진정한 의미를 찾고 싶었다. 나는 은퇴하면 '말기 환자 소원 들어주기' 활동을 할 것이다. 떠나기 전의 소원은 물론, 뒤에서 언급할 마이클 윌리엄 셀러스의 소원처럼 떠난 후의 소원도 들어주는 단체를 만들 것이다.

지금이 가장 잘 떠날 수 있는 가장 준비된 때라면, 그 사람을 떠나보내는 것이 맞다. 그날을 위해 마음속으로 하는 기도는 내가 맞을 죽음의 순간에 고통을 줄여주고, 죽음의 공포에서 벗어나게 해주며, 남은 가족에게 희망을 주고, 내 죽음이 끝이 아니라 가치와 의미로 이어지리라는 사실을 확신함으로써 죽음을 편안히 맞이할 수 있게 해준다. 물론 우리는 아직 해야 할 일이 있기에 더 살아야 한다. 그러나 어느 날 떠나야 할 때가 오면 기꺼이 그 바통을 넘겨주는 것이다.

나는 훗날 내가 세상을 떠나는 날, 나보다 먼저 가 있던 이들, 내 삶에 함께했던 이들에게 반갑고 기쁜 마음으로 달려갈 것이다. 나는 그들이 노래 부르며 나를 환영해주리라고 믿어 의심치 않는다. 그리고 또 훗날 이 세상을 넘어 그곳으로 내 뒤에 오는 이들을 마찬가지로 노래 부르며 환영할 것이다.

　예전에 대학생 시절 메모해두던 수첩을 정리하다가 서정주 시인의 〈푸르른 날〉을 적어놓은 페이지를 발견했다. 가수 송창식이 노래로 만들어 부른 시이기도 했다. 그 순간 목청껏 따라 불렀던 옛 추억이 떠올랐다. 나는 파란 하늘을 올려다보며, 앞서 떠난 그리운 사람들의 미소를 볼 수 있었다.

내가 죽고서 네가 산다면

네가 죽고서 내가 산다면

눈이 부시게 푸르른 날은

그리운 사람을 그리워하자

차 례

제3장 누구에게나 잘 죽을 권리가 있다

제4장 좋은 죽음 그리고 의미 있는 삶

제5장 그날을 위해 준비해야 할 것들

/////////////////////// /////////////////////

제6장 의료 집착에서 삶의 완성으로

/////////////////////// /////////////////////

제7장 내 삶의 마무리를 내가 결정한다는 것

/////////////////////////// ////////////////////

제8장 이별을 돌보는 일, 국가가 나서야 할 때

/////////////////////////// ////////////////////

제1장

잘 죽는 것이 왜 중요한가

　세상에 존재하는 모든 생명체는 죽는다. 하지만 인류는 인간에게 동물과는 다른 무언가가 있으리라고 기대해왔다. 그것이 양적 차이든 질적 차이든, 변증법적으로만 설명 가능한 것이든, 전우주적 절대자의 관점에서든 간에 말이다.

　그러나 인간도 생물학적으로는 동물일 뿐이다. 결국 죽는다. '인간은 누구나 죽는다―나는 인간이다―그러므로 나는 죽는다'라는 흔한 삼단논법도 있다. 우리는 지금 이 순간 약 79억 명의 인간 중 하나에 불과하다. 약 45억 년 동안 존재한 지구에서 1세기보다 짧은 시간을 살다 갈 뿐이며, 지구에서 살고 있는 수많은 생명체 중 하나일 뿐이다. 더 넓고 더 길게 보면 무한한 공간과 시간의 우주 속에서 찰나의 순간을 미미한 존재로 살다가 떠나는 삶일 뿐이다.

그런데 이런 나보다 못해 보이는 개미가 지나가는 내 발에 밟힐까 봐 조심한다. 슈바이처 박사 덕분인지 몰라도 내가 개미의 생명을 귀하게 여긴다면 우주도 나를 귀하게 봐주지 않을까 하는 생각도 든다. 그렇다고 한들 억겁의 시간과 영원한 우주에 비춰보면 나라는 존재는 너무나도 하찮고 무의미해 보인다. 아주 잠깐 살다가 한 줌 흙과 먼지로 돌아갈 뿐이다. 그러니 우리의 삶은 아무런 의미가 없을까?

| 어차피 죽으니 삶은 무의미한가? |

인간은 완벽하지 않다. 인간은 실수도 많이 하고 배우면서 성장한다. 나는 어릴 때부터 죄도 많이 지었고 후회스러운 일도 많이 했다. 가장 오래된 기억은 국민학교(초등학교) 때 동네 형과 가게에서 물건을 훔쳤던 기억이다. 나는 결국 들켰고 부엌에서 어머니에게 회초리로 종아리를 맞으면서 다시는 그러지 않겠다고 약속했었다. 경찰서에 조사받으러 간 적도 있다. 이때도 초등학교 시절인데, 자전거 때문에 경찰서에 불려 갔었다. 자전거를 훔친 것은 아니었다. 자동차가 다니는 도로변에 자전거를 잘못 세웠는지, 자전거로 가면 안 되는 곳을 갔는지, 정확한 이유는 기억나지 않는다.또 한번은 대학교 1학년 때 신설동 쪽에서 시위 가담 혐의로 경찰에 붙들린 적이 있다. 나 말고도 수십 명이 한꺼번에 차가운 경찰서 바닥에 앉아 있었다. 당시 학생회장이던 백태웅 선배가 함께 있었고 그가 부당한 공권력이라며 항의하던 모습이 기억에 남는다. 밤새 취조당한 뒤 다음 날 새벽에 풀려났다. 그때 나는 독재 정권에 빌붙은 자들에 대한 증오심으로 전경들에게 거리낌 없이 돌을 던지던 내 모습을 보면서 "죄는 미워하되 사람을 미워해서는 안 된다"는 미덕을 망각했다는 사실을 깨달았고, 그것을 계기로 나는 학생운동을 그만두었다.

지난날을 돌이켜 생각해보면 잘한 일도 있고 후회스러운 일도 있다. 나도 인간이기에 완벽할 수 없었다. 지금도 마찬가지다. 다만 후회할 일을 저지르지 않고자 애쓰며 살 따름이다. 언젠가 루소의 유작인《참회록》을 읽었는데, 자신을 그토록 숨김없이 드러내고 성찰하는 모습을 보면서 깊은 감명을 받았다. 나도 언젠가는 내 지나온 삶을 반성하는 참회록을 쓰겠노라 결심했다.

인간은 동물로 태어나지만, 사는 동안 끊임없이 완벽한 존재가 되려고 노력하기도 한다. 나아가 신을 닮고 싶은 마음에 모든 생명을 사랑으로 대하고 온정을 베풀기도 한다. 그렇게 삶을 만들어가고 싶어 하는 존재도 인간이다. 불완전하기에 완전을 꿈꾸고 부족하기에 채우려고 애쓴다. 실패에 좌절하지 않고 실수투성이인 자신의 모습을 반성하면서, 어제보다 더 나은 내일을 만들어가겠다는 각오로 열심히 오늘을 산다. 다시 일어나 바위를 밀어 올리는 시시포스처럼. 나는 그렇기에 인간의 삶은 무의미하지 않다고 믿는다.

사월은 가장 잔인한 달

죽은 땅에서 라일락을 키워내고

기억과 욕망을 뒤섞으며

봄비로 잠든 뿌리를 깨운다

1948년 노벨문학상을 받은 T. S. 엘리엇의 시 〈황무지〉 중 '죽은 자의 매장' 첫 연의 시구다. 지난봄 집 근처 산에 오르는데, 평소 무심코 지나치던 산길에서 내 시선을 사로잡아 봄이 왔음을 실감케 한 것이 있었다. 겨우내 죽은 줄 알았던, 지나가면서 관심도 없었던 앙상한 갈색 가지에 노란 개나리가 활짝 꽃을 피운 것이었다. 라일락이 아니더라도 봄은 죽은 땅에서 갖가지 꽃을 키워낸다. 당시 엘리엇이 활동했던 미국에서는 개나리를 볼 수 없었을 것이다. 비록 개나리가 강한 향을 갖고 있진 않지만, 만약 엘리엇이 마치 노란 저고리를 입고 춤추는 듯한 개나리를 봤다면 이 시구가 달라졌을지도 모르겠다. 산에 오를 때마다 매번 지나는 똑같은 자리에 작년에도 재작년에도 피었을 개나리꽃이겠지만, 실상은 똑같은 꽃이 아니다. 새 꽃이다. 같은 땅 같은 가지에서 피었더라도 엄연히 다른 꽃이다. 모양도 색깔도 똑같지만, 전혀 다른 존재다.

우리 몸을 구성하는 세포도 태어나고 죽는 과정을 반복한다. 예를 들어 적혈구는 골수조직에서 생산돼 성숙해지면 혈액으로 이동해서 산소를 우리 몸 곳곳에 운반하는 역할을 하다가 노화하면 간과 비장 등에서 망상내피계 세포에 침식된다. 그렇게 약 120일을 살다 죽는다. 한 세포가 생애를 마치고 죽은 자리에 새로운 세포가 자리 잡는다. 우리 몸을 구성하고 있는 모든 세포가 내 생명을 유지하기 위해 열심히 일한다. 자연과 마찬가지로 인간의 육체에서도 탄생과 죽음의 순환이 그대로 이뤄지고 있다. 세상도 마찬가지다. 우리는 언젠가 떠나고 남은 자리에 누군가 새로운 사람이 내 역할을 하면서 열심히 일할 것이다. 그렇다면 남는 것은 무엇일까? 이름일까? 의미일까?

우리는 자신을 위해 열심히 일한 탄생과 죽음에 대해 생각하지 않는다. 세포에 이름을 붙여주거나 불러준 적도 없다. 기억조차 하지 않고 의미를 생각하지도 않는다. 하지만 의미가 없는 것은 아니다. 우리가 몰라준다 해도 세포의 활동은 멈추지 않는다. 김춘수 시인의 〈꽃〉처럼 우리가 서로의 이름을 불러준들 언젠가는 세상을 떠날 사람들에 대한 기억이라 생각하면 그 기억이 얼마나 오래가겠는가? 우리는 우리의 세포에 이름을 붙여주지 않지만, 이들이 묵언의 의미 있는 삶을 살고 있다는 사실을 온몸으로 느낀다. 우리가 살아있는 것이 그 증거다.

뇌세포를 제외한 모든 세포는 죽고 새 세포로 교체되는 과정을 우리가 죽을 때까지 반복한다. 한 연구에 따르면 초당 380만 개, 하루 3,300억 개의 세포가 교체된다. 그래야 우리의 생명이 유지될 수 있다. 세포도 나의 일부다. 나는 매 순간 죽어서 새롭게 탄생한다. 나아가 내가 죽어야 새로운 생명이 태어나고 세상이 존재할 수 있는 것이다. 그 어떤 초월적 존재가 우리를 의미 없는 존재라고 여기더라도 우리가 우리 스스로에게 삶의 의미를 부여하는 것이 더 중요하다. 아무리 실수투성이의 후회스러운 삶이라도 우리 스스로 세상에 자신만의 고유한 의미를 만들어가야 한다. 우리의 존재 자체만으로도 세상을 지탱시키고 있기에 우리 모두는 의미 있는 삶을 살 자격을 갖고 있다.

│ 삶의 마지막에 기억되는 삶 │

경험과 기억에 관한 흥미로운 연구 결과가 있다. 심리학자로는 처음으로 2002년 노벨경제학상을 받은 대니얼 카너먼은 의학자 도널드 레델마이어와 함께 깨어 있는 상태에서 대장 내시경 검사를 받는 154명을 대상으로 고통의 정도를 평가하는 연구를 진행했다. 이들은 피험자들에게 검사를 받는 동안 60초마다 고통의 정도를 0부터 10까지 점수로 매기도록 했다. 그리고 검사가 끝난 뒤 검사 과정에서 느낀 고통의 총합을 물었다.

분석 결과 흥미로운 두 가지 사실을 발견했다. 첫째는 가장 최고점일 때의 고통과 가장 마지막에 느낀 고통의 평균치가 전체 고통의 강도를 결정한다는 '정점−종점(peak-end)' 원칙이었다. 둘째는 전체 고통 평가에 검사 지속시간은 전혀 영향을 미치지 않는다는 '지속시간 무시' 원칙이었다. 요컨대 우리가 살아생전 기억

나는 품위 있게 죽고 싶다

하는 고통은 고통의 시간보다 가장 고통스러운 순간과 마지막 순간이다.

고통뿐 아니라 기쁨과 즐거움에도 이 원칙이 그대로 적용된다. 우리가 삶을 마무리할 때 나와 내가 사랑하는 사람들의 기억은 최악의 순간과 마지막 순간의 고통이 아니라, 최고의 순간과 마지막 순간의 행복이어야 한다. 사는 동안 최고로 행복했던 경험(정점)도 중요하지만, 삶의 마지막 순간에 경험하는 행복(종점)이 필요하다. 그 행복을 어떻게 만들고 어떤 의미를 부여하느냐가 인생 전체의 기억을 좌우한다. 빅터 프랭클이《죽음의 수용소에서》를 통해 삶은 어떻게 평가하고 어떤 의미를 부여하느냐에 따라 달라진다고 한 경험적 가치와 일맥상통한다.

영화를 봐도 기억나는 부분은 가장 재미있거나 끔찍했던 장면과 마지막 장면이다. 그런데 영화 전체를 결말짓는 마지막 장면에서 이전의 내용이 재해석되고 새로운 의미가 부여될 때 '아하, 그래서 그랬구나' 하며 마음에 여운이 남는다. 삶도 그렇다. 가장 행복했던 순간의 기억을 떠올리고 마지막에 의미를 부여하는 과정이 필요하다. 그러면 우리의 삶은 고통과 불행이 아니라 감사와 행복 그리고 희망으로 기억될 것이다.

자신의 삶에 어떤 의미를 부여하느냐에 따라 죽음의 양상도 달라진다. 삶에 아무런 의미가 없다면 죽음 또한 무의미해진다. 그렇기에 우리는 어떻게 살 것인지, 의미 있는 삶이란 무엇인지, 다가올 죽음을 어떻게 맞이하고 삶을 마무리할지 늘 관심을 기울여야 한다. 그렇지만 바쁘다는 이유로, 피곤하다는 이유로, 불편한 이야기라는 이유로, 답을 알 수 없다는 이유로 대부분 사람은 이를 무시한 채 살아간다.

사물이나 사건에 대한 해석은 바라보는 관점에 따라 다를 수밖에 없으며, 한쪽만 보는 사람은 한 가지 해석밖에 할 수 없다. 그러나 가치는, 의미는, 내가 어떻게 보느냐에 따라 얼마든지 달라질 수 있다. 관점을 바꿔가며 다른 각도에서 바라보면 더 큰 그림을 볼 수 있고 더 넓고 깊게 해석할 수 있다. 삶과 죽음에 대해 지금껏 생각해왔던 것들을 다른 관점에서 바라보고 다르게 해석할 필요가 있다.

인간에게 죽음이란 무엇일까? 호흡이 멈추고, 심장이 멈추고, 뇌 활동이 멈추고, 세포 재생이 멈추는 것을 의미한다. 그리하여 고유한 존재가 사라지는 것이다. 죽으면 신체적·정신적 존재로서의 우리는 사라진다. 그러나 영적·실존적 존재는 우리 자신과 남아 있는 사람들의 선택에 따라 달라질 수 있다. 나는 인간의 영적·실존적 건강이 신체적·정신적 건강보다 더 강하다는 사실을 수차례의 연구로 거듭 확인했다. 영적·실존적 건강이 좋지 않은 사람들은 그렇지 않은 사람들보다 우울증에 걸릴 위험이 5.5배나 높았다.

인간은 죽음을 통해 실존적 존재로서 삶을 완성하고 전설로 승화할 수 있다. 잘나고 위대한 사람만이 전설을 남기는 것은 아니다. 누구나 남과 비교할 수 없는 고유한 존재로서 세상에 자신만의 전설을 남기고 떠날 수 있다. 그 삶이 주변 사람들의 삶 속에서 이어지게 할 수 있다. 인생의 행복했던 순간들을 우리와 사랑하는 사람들에게 남길 그날을 설렘으로 준비하는 것이다. 이것이 내가 그리는 참된 웰다잉 문화다. 나는 죽음을 생각할 때마다 삶을 향한 무거운 책임감을 느낀다. 우리 국민 한 사람 한 사람이 시간적·공간적 한계를 넘어 영속적 존재로서 가족과 사랑하는 사람들에게 전설로 남도록 도우려면 해야 할 일이 너무나도 많다.

| 소유의 가치보다 존재의 의미를 |

나는 의대를 졸업하고 전공을 정할 때 말기 암 환자의 의미 있는 삶과 아름다운 마무리를 돕는 호스피스 일을 하고 싶었다. 내과와 정신건강의학과에도 관심이 있었지만, 선배들에게 문의한 끝에 가정의학과 수련을 선택했다.

1990년 가정의학과 입퇴국식에서 호스피스를 하려고 가정의학과에 들어왔다고 하니 참석자들이 웃었다. 지금이야 암으로 인한 사망자 8만 1,000여 명 가운데 약 24%인 2만여 명이 호스피스를 이용하는 상황이지만, 그 시절은 의사들조차 호스피스를 수녀나 간호사가 하는 일이라고 여기던 때였다. 2000년 나는 국립암센터 설립 멤버로 합류해 정부에 호스피스 제도화 방안을 제안했지만 여의치 않았다. 당시 국립암센터에서는 정부와 함께 한창 금연 캠페인을 벌이고 있었고, 코미디언 이주일 씨가 금연 전도사로 나서면서 그 분위기가 급속도로 확산하는 상황이었다.

2001년 5월, 국립암센터는 금연 정책에 박차를 가하고자 내게 금연 분야로 3개월 동안 단기 연수를 다녀오라고 했다. 나는 열흘 동안 비행기를 다섯 번이나 타면서 미국 캘리포니아 주 샌디에이고와 샌프란시스코, 텍사스 주 휴스턴 등을 방문하고 금연 정책과 금연 클리닉 운영에 대한 정보를 확보해 국립암센터 및 정부의 금연 캠페인에 본격적으로 합류했다. 그때 나는 국내에 흡연과 암 사이의 인과관계를 설명하는 코호트 연구가 전혀 없었다는 점에 놀랐다. 그래서 연구를 하게 됐다. 그 결과를 〈흡연의 암 발생기여위험도 추정 연구: 한국 성인 남성을 대상으로 한 코호트 연구〉라는 제목의 박사 논문으로 정리했다.

이 논문은 국내 최초 연구 결과로 언론에서 대대적으로 보도했다. 국립암센터가 흡연이 폐암 발생의 원인임을 강력하게 주장할 수 있는 근거가 되기도 했다. 국립암센터는 내게 호스피스보다 금연 분야를 선택하기를 요청했다. 금연을 선택하면 큰 역할을 할 수 있는 상황이었다. 하지만 애초에 내가 국립암센터에 합류한 목적은 금연 정책이 아니라 호스피스 제도화였기에, 힘든 것을 각오하고 호스피스를 선택할 수밖에 없었다. 결국 나는 대학에서 금연 운동을 펼치던 선배를 영입했고, 이후 호스피스 제도화에 전념했다.

호스피스 자료를 보여주고 제도화 필요성에 관해 아무리 설명해도 소극적이던 공무원들이 일본과 대만의 호스피스 기관들을 방문해 직접 목격하고 나니 비로소 태도가 바뀌기 시작했다. 말 그대로 '백문불여일견(百聞不如一見)'이었다. 2002년 8월, 마침내 정부는 호스피스 법제화 추진 계획을 발표했다. 호스피스 전문병원 지정, 건강보험 수가 신설, 전문인력 양성 등이 주요 내용이었다. 이후 제도화가 차근차근 진행돼 법제화됐다. 지금 다시 생각해봐도 옳았고 의미 있는 선택이었다.

그후로 나는 국립암센터 기획조정실장을 거쳐 서울대 의대 교수로 자리를 옮겼고 서울대학교병원 공공보건의료사업단장을 맡았다. 어느 정도 힘도 있고 조직도 탄탄한 자리라 일하기에는 좋았다. 그런데도 나는 도전적인 새로운 일을 개척해나가는 게 더 의미 있다는 생각이 들면 자리에 연연하지 않고 험난한 길을 선택하곤 했다. 일부러 위기를 자초한 셈이다. 두 보직을 맡을 때 보직 사퇴서를 모두 다섯 번은 쓴 것 같다. 그렇다고 마음대로 사퇴할 수 있었던 것은 아니다. 2000년 삶의질향상연구과장을 맡았던 때부터 어쨌든 결국 임기를 마친 적이 더 많았다. 그러면서 상황을 개선해보려고 노력했다.

하지만 안 되는 일은 결국 안 됐다. 2011년 국립암센터 기획조정실장을 그만두고 2년 동안 하릴없이 보내다가 서울대학교로 적을 옮길 때도 그런 상황이었다. 월급이 반 토막 나서 가족에게는 미안했지만 후회하지 않았다. 지금도 옳은 선택이었다고 생각한다. 그렇지 않았더라면 지금의 나는 없을 것이고 지금의 일도 하지 못했을 것이다. 한 번뿐인 인생인데 귀중한 시간을 낭비하고 싶지 않았다. 해야 할 일, 의미 있는 일이 많았기 때문이다. 미래의 가치 있는 일을 향한 도전이야말로 내 삶의 소명이라 생각하며 이 순간도 그렇게 살아가고 있다.

위기는 오히려 내게 성장의 기회를 제공했다. 처음에는 아무도 알아주지 않았지만, 시간이 흐르면서 도와주고 뜻을 함께하는 이들이 늘어났다. 이런 내 작은 경험처럼 우리 모두 그런 선택을 하면서 살아가고 있다. 세상이 말하기 좋아하는 '용기'가 아니다. 그저 새로운 길의 '선택'이며 T. S. 엘리엇이 노래한 '작은 생명'의 자존감이다. 소유의 가치보다 존재의 의미를 찾기 위한 선택이다.

│ 죽음을 생각하면 보이는 삶 │

톨스토이의 수많은 소설 작품 가운데 《사람은 무엇으로 사는가》가 있다. 아이들을 불쌍히 여겨 엄마를 살리려다 신의 저주를 받아 인간이 된 천사 미하일은 구두장이 시몬의 도움으로 구둣방 조수로 일하게 된다. 그러던 어느 날 거만한 부자가 독일산 최고급 가죽을 건네면서 튼튼한 장화를 만들어달라고 주문한다. 그런데 알 듯 모를 듯 미소만 짓던 미하일이 정작 만든 것은 장화가 아니라 슬리퍼였다.

얼마 뒤 그 부자의 하인이 찾아와 주인이 귀가하던 중에 죽었다는 이야기를 전한다. 러시아에서는 죽은 사람에게 슬리퍼를 신긴다. 결국 죽은 부자에게 필요한 것은 튼튼한 장화가 아니라 넉넉한 슬리퍼였다. 미하일은 동료였던 죽음의 천사가 그 부자와 함께 구둣방에 들어오는 모습을 볼 수 있었기에 알 수 있었다. 우리는 그럴 수 없다.

신은 왜 인간에게 죽음의 날이 언제인지 미리 알도록 허락하지 않을까? 나는 가끔 비행기를 탈 때면 오늘이 내 삶의 마지막일지도 모른다는 생각을 한다. 추락할 수도 있으니까. 비행기 추락 사고는 언제고 일어날 수 있는 일이다. 2018년 10월, 189명이 탑승한 인도네시아 여객기가 추락한 데 이어 5개월 만에 또다시 에티오피아 여객기가 추락해 157명 전원이 사망했다. 잇따른 추락 사고로 보잉 737 맥스 8 기종 운항이 금지됐다. 2021년 1월에는 62명을 태운 인도네시아 보잉 737 여객기가 이륙 직후 추락했다. 우리는 자신의 마지막 날이 언제 올지 전혀 모른 채 화려한 미래와 멋진 꿈을 그리며 살아간다. 그래도 그날은 반드시 온다.

인간은 스스로 의미를 부여할 수 있는 존재다. 내 삶과 죽음에 대해 나만의 분명한 의미를 찾아 부여해보자. 언제 닥칠지 모를 죽음에 대한 방비이며 그때를 알려주지 않는 신에게 보내는 미소다. 여러분의 얼굴에 언제나 미소가 피어나고, 아침이면 의미 있는 일을 시작해 밤에는 감사한 마음으로 잠들기를 바란다. 그리고 멋진 세상을 함께 살아가다가 언젠가 기꺼이 세상을 위해 자리를 내주기를 기대한다. 죽어가는 나를 사랑하고 남은 삶의 길을 열심히 걸어가자. 세상 속에 남길 추억을 위해서. 어떻게 살아야 할지, 무엇을 해야 할지, 그 선택은 우리에게 달렸다.

제2장

먼 곳에 있지 않은 죽음

2015년 4월 15일 정오경, 암 환자 진료를 마치고 연구실로 가는 도중 한 지방 대학병원 내과 교수에게서 전화를 받았다. 어머니가 폐렴으로 입원해 계시는 그 병원이었다. 전화 받기 사흘 전 병문안을 드릴 때만 해도 호전되고 계셨다. 하지만 내과 교수는 폐렴보다 기관지 출혈로 상태가 악화해 기관지 동맥 색전술(bronchial artery embolization, BAE)을 해야 할 것 같다고 말했다.

기관지 동맥 색전술은 출혈 원인의 기관지 동맥을 찾아 색전화로 혈관을 막음으로써 출혈을 멈추게 하는 치료법이다. 물론 그 병원에서도 할 수 있지만, 병원을 옮기고 싶다면 어머니를 보내

주겠다는 말이었다. 만에 하나라도 예기치 않은 상황이 벌어질 수 있고, 아들이 서울대학교병원에 있으니 그쪽에서 모시는 게 좋지 않겠느냐는 배려였다. 어머니는 오후 6시 30분경에 응급실에 도착했다. 어머니는 응급실에서 의료진의 진료와 검사를 받으셨다. 출혈이 계속돼 폐 상태가 점점 악화하고 있었다. 나는 삽관을 하는 것이 좋겠다는 의료진의 판단에 동의했다. 중환자실에서 기관 내 삽관술을 시행하고 수면제를 주사한 다음 인공호흡기를 작동시켰다.

　아들이자 의사인 나는 그 순간에 어머니의 인공호흡기 사용을 의학적·윤리적으로 어떻게 판단해야 했을까? 나는 그동안 내가 계속 이야기해왔던 호스피스 케어, 무의미한 연명의료 중단과 어머니의 병환 경과가 어떻게 연관되는지를 생각해야 했다. 일찍이 어머니와 자주 죽음에 관해 이야기를 나눴지만, 막상 닥치고 보니 사전연명의료의향서를 작성했어야 하지 않았나 하는 생각이 들었다. 하지만 당시에는 사전연명의료의향서가 법제화된 상황이 아니었다. 어머니는 임종이 임박한 상황에서 연명의료를 원치 않는다는 말씀을 하셨었다. 그리고 어머니는 만성질환을 앓고 계셨다. 그런데 회복 불가능한 말기 만성질환 상태는 아니었다. 갑자기 급성 출혈과 폐렴이 발생했으나 적극적인 치료로 회복하실 수 있는 단계였다. 다만 출혈 원인이 아직 명확하지 않아 정확히 진단하려면 여러 검사를 진행해야 했다. 더욱이 조절할 수 없는 심각한 고통이 있는 것은 아니었다. 여전히 의식도 유지하고 계셨지만 안정을 위해 수면제를 사용했다. 따라서 아직은 연명의료 중단 결정을 할 필요는 없었다.

그렇더라도 '만약 그 상태에서 생명 유지에 중요한 '활력 증후(vital sign)'가 흔들리고 심정지 상태가 발생해 심폐소생술을 해야 하는 상황이 온다면 그때 나는 어떤 결정을 내릴 것인가?' 하는 생각을 미리 하고 대비했어야 했다. 이 경우에도 치료 효과가 전혀 없이 악화하는 상태인지, 회복 가능성이 없는 단계인지, 임종이 임박한 상황인지를 판단해야 했다. 말기질환으로 악화하지 않고 회복 가능성이 있는 일시적 심정지 상태라면 심폐소생술을 시행해야 할 것이다.

우리나라에서 연명의료에 관한 행태에 큰 영향을 준 사건으로 2008년 발생한 세브란스병원 김 할머니 사건의 판례를 들 수 있다. 당시 김 할머니는 말기질환에 따른 호흡곤란이나 심정지 때문에 인공호흡기를 부착한 것이 아니었다. 폐암이 의심돼 기관지 내시경을 통한 폐종양 조직 검사를 받던 중 갑작스런 과다출혈로 심정지가 발생하고 의식 불능 상태에 빠져 자발적 호흡이 불가능

나는 품위 있게 죽고 싶다

해 인공호흡기를 사용할 수밖에 없었다. 뇌사는 아니었지만 의식이 없는 식물인간 상태로 연명의료에 돌입한 것이었다. 평소 무의미한 연명의료에 무척 부정적이었던 김 할머니의 뜻을 받들어 가족이 인공호흡기 제거를 요청했지만, 의료진은 연명의료 중단에 관한 법적 근거가 없어 거절했다. 결국 가족은 법원에 소송을 제기했고, 2009년 5월 21일 대법원은 김 할머니의 인공호흡기를 제거하라고 판결했다. 헌법 제10조의 기본권인 행복추구권 및 인간으로서 존엄할 권리를 근거로 김 할머니가 자기결정권을 행사한 것으로 인정하고 회복 불가능한 임종 단계라면 연명의료를 중단할 수 있다고 판단한 것이다. 김 할머니는 인공호흡기를 제거하고도 201일을 생존하시다가 타계했다.

매형 말씀에 따르면 어머니는 서울로 올라오시기 전에 아들 덕으로 죽을 목숨을 수차례 건졌다고 하시면서, 마치 곧 돌아가실 것처럼 유언하듯이 이런저런 이야기를 하셨단다. 어머니께서 내 곁으로 오고 싶어 하셨다는 매형의 말씀에 눈물을 참을 수 없었다. 마지막 순간에 소중한 사람 곁에 있을 수 있다면 행복한 죽음이라고 많은 사람이 바랐듯이 어머니도 그러고 싶으셨던 것 같다. 아들을 만나시고 어머니는 이렇게 말씀하셨다.

"아들 얼굴도 보지 못하고 죽는 줄 알았다. 우리 아들."

항상 나를 자랑스럽게 생각하시던 어머니. 나는 마음속으로 이렇게 말씀드렸다.

'어머니, 아직은 때가 아닙니다. 어서 건강 회복하시고 일어나셔서 말씀해주세요. 어머니의 삶이 어땠는지를, 그리고 어떻게 삶의 마무리를 해야 할지를 말씀하셔야 할 때입니다. 어머니, 제가 어머니 말씀을 들을 수 있는 기회를 주세요.'

어머니는 2000년 4월에 처음 호흡곤란을 호소하셨고, 삼성서울병원에서 심경색으로 관상동맥 혈관 성형술을 받으셨다. 그러다가 몇 년 뒤 재발해 지방 대학병원에서 치료받았지만 관리를 잘하고 계셨다. 그런데 전혀 다른 폐출혈이 생긴 것이었다.

어머니는 중환자실에 입원하셨고, 검사 결과 현미경적 다발혈관염(microscopic polyangiitis)으로 인한 폐출혈 진단을 받으셨다. 치료 끝에 열흘 만에 중환자실에서 일반 내과 병동으로 옮기셨다. 재활치료를 시작한 지 한 달 만에 퇴원하셨고, 광주에서 재활치료를 받을 수 있는 병원으로 옮기셨다. 이후 소변도 혼자 보시고, 식사도 잘하시고, 마침내 간병사 손을 잡고 걷기 시작하셨다. 2015년 10월 말에는 병원을 방문한 가족과 함께 오랜만에 외출해 점심 식사도 함께하셨다. 나는 누님과 집에서 어떻게 모실지 퇴원 계획을 상의했다. 그러고는 안심하고 서울로 돌아왔다. 그

것이 어머니와의 마지막 오찬일 줄은 꿈에도 생각하지 못했다.

11월 23일, 어머니가 입원해 계시던 병원 과장이 내게 전화했다. 폐출혈이 재발했으니 모시고 가는 게 좋겠다고 했다. 어머니는 결국 서울대학교병원 응급실을 거쳐 또다시 중환자실에 입원하셨다. 검사 결과 현미경적 다발혈관염 재발이었다. 그러나 폐렴, 폐혈증, 다발성 장기 부전으로 인공호흡기, 혈액 투석, 에크모(ECMO, extracorporeal membrane oxygenation) 치료까지 했지만 호전되지 않았다. 당시에 나는 이렇게 메모했다.

"사전연명의료의향서는 없지만 나는 어머니의 평소 뜻을 잘 알고 있다. 어머니가 더는 치료에 반응하지 않고 회복 불가능한 단계로 접어들면 심폐소생술과 인공호흡기를 하지 않고 곱게 보내드릴 것이다. 하지만 어머니, 잘 버티셔서 다시 굳건히 일어나세요."

| 어머니의 죽음 |

나는 평소 잘 알고 지내던 신부님을 초대해 중환자실에 계신 어머니께서 종부성사를 받으시도록 했다. 그때 나는 신부님의 권유로 어머니 귀에 대고 이렇게 말씀드렸다.

"어머니, 감사합니다. 사랑합니다. 열심히 살아가겠습니다."

신부님은 분명히 어머니께서 들으실 거라고 하셨다. 나는 신부님이 시키는 대로 했다. 그렇지만 어머니는 전혀 반응을 보이지 않으셨다. 어머니가 돌아가신 뒤 한 연구 결과를 접하고 신부님 말씀이 옳았음을 알았다. 2020년 7월, 국제 학술지 〈사이언티픽 리포트〉에 발표된 캐나다 브리티시컬럼비아대학교의 로렌스 워드 교수의 연구에 따르면, 사망 직전의 뇌도 정상인과 같이 소리에 반응하며 사망 직전 의식불명 상태라도 가족의 목소리를 듣는다. 그러니 "사랑한다"고 꼭 말하라는 것이었다.

로렌스 워드 교수의 연구팀은 치료가 불가능해 통증 완화만 시행하는 말기 환자의 가족들에게 동의를 받아 연구를 진행했다. 임종 직전의 의식불명 환자들과 정상인의 뇌가 소리 자극에 어떻게 반응하는지 뇌파를 측정해 비교했다. 13명의 임종 직전 의식불명 환자 가운데 5명이 정상인과 거의 같은 반응을 보였다. 임종 직전이라도 환자에게 사랑하는 사람들의 목소리가 위안을 줄 수 있다는 의미로 해석할 수 있다. 거리상의 문제나 코로나19 감염 위험 문제로 방문할 수 없다면 원격으로라도 "사랑했고, 감사했고, 행복했다"는 말을 전하는 기회를 가져야 할 필요가 있음을 증명해준 연구 결과라고 할 수 있다.

나는 그때 신부님 말씀대로 한 것을 새삼 다행스럽게 생각한다. 의식이 없더라도 손을 꼭 잡고 이야기하는 것이 좋다. 임종 과정에 있는 환자뿐 아니라 말하는 사람의 마음도 편안하게 해준다. 당신께서 곁에 계심으로써 저희가 얼마나 행복했고 감사했는지, 살아생전 당신의 삶을 소중히 기억하며 열심히 살아가겠으니 편안한 마음으로 떠나시라고 명확히 들리도록 말씀드리는 게 중요하다. 나도 신부님 조언대로 어머니 귀에 대고 드린 말씀이 어머니께 위안이 되기를 정말로 바랐다.

그러나 어머니의 병세는 점점 더 악화했다. 나는 결단해야 했다. 어머니는 결국 회복하지 못하셨다. 인공호흡기와 투석기, 수많은 주사기와 튜브에 둘러싸여 있던 어머니께 죽음이 다가오고 있었다. 나는 담당 교수와 협의해 임종을 준비하기로 했다. 내가 아무리 호스피스 및 웰다잉 전문가라도 내 어머니의 임종 준비를 혼자서 결정할 수는 없었다. 나는 호흡기내과와 중환자실 담당 교수에게 의견을 구했다.

부모님이 질병을 이겨내고 건강을 회복하기를 바라지 않는 자식이 어디에 있겠는가? 하지만 생각을 바꿔야 할 시점이 다가왔다. 예전에는 동료 의사들에게서 부모님의 마지막 순간을 결정하는 것이 참으로 어렵다는 말을 들었을 때 쉽게 이해하지 못했다. 그런데 막상 내 어머니의 연명의료 중단을 결정해야 하는 상황에 부닥치니 무척이나 당황스러웠다. 전문가인 나도 다른 전문가의 도움이 절실했다. 감정을 누그러뜨리고 이성적인 의사결정을 해야 했다.

나는 가족회의를 열어서 어떻게 해야 할지 상의했다. 다행히 임종실이 비어 있어 중환자실이 아닌 임종실에서 가족과 함께 어머니와 사별의 시간을 가질 수 있었다. 어머니는 이청준 작가의 동화《할미꽃은 봄을 세는 술래란다》에 등장하는 할머니처럼 다시 어린아이가 된 듯 조용히 주무시고 계셨다. 임종실에서 우리 가족은 슬픔과 감사와 사랑의 말씀을 드리며 어머니와 작별 인사를 나눴다. 이때 나는 내가 그렇게 주장해왔던 병원에 임종실이 반드시 있어야 한다는 사실을 몸소 체험할 수 있었다.

2015년 12월, "10년은 더 사시게 해드리겠다"고 한 의사 아들의 희망을 뒤로 한 채, 세상 모든 어머니가 그렇듯 내 어머니도 세상을 떠나셨다. 의사인 나조차도 의학의 한계에 무력감을 느껴야 했다. 어머니를 선산에 모시고 어머니께서 사시던 집에 돌아왔을 때 한 가지 후회감이 밀려왔다. 입원 기간 중 외출을 신청해 잠깐 한 번만이라도 평소 생활하시던 집에 모셨어야 했다. 돌아가신 다음에야 영구차로 들른 것이 전부였다. 기회는 미리 생각하고 준비하지 않으면 오지 않는다. 회복하신 뒤에 모실 생각만 했지 그때는 미처 깨닫지 못했다. 나는 장례식을 마치고 이렇게 적었다.

"어머니는 평생 가족을 위해 희생하다 편안히 임종하셨다. 우리에게 걸으며 웃는 모습을 마지막으로 보여주고 떠나셨다. 황금누에고치처럼 황금 모시에 감싸여 계셨다. 우리의 삶 속에 황금나비처럼 부활하실 것이다."

삼우제를 마치고 서울로 돌아오던 날, 어머니께서 떠나며 선물이라도 주신 듯 기적과 같은 일이 일어났다. 그렇게 매달렸던 '연명의료결정법' 심의를 위한 단독 법안소위와 상임위가 열린 것이다. 연명의료결정법은 우여곡절 끝에 2016년 1월 8일 국회 본회의에서 재석 203명, 찬성 202명으로 통과됐고 2016년 2월 마침내 공표됐다. 대부분이 불가능하다고 했으나 국회, 정부, 국민의 염원이 만든 기적이 일어났다. 내게는 어머니가 주신 소중한 선물이었다.

누구나 부모님이 최상의 삶을 살다 가시기를 바란다. 하지만 미리 대비하지 않으면 반드시 후회한다. 어머니의 죽음은 내게 새로운 깨우침을 줬다. 나는 다시 태어났다. 두 자식을 먼저 떠나보내고도 꿋꿋하게 지내오신 어머니. 남은 자식들에게 싫은 소리 한 번 하신 적 없던 어머니. 그런 어머니의 죽음으로 정신적 영양분을 제공하는 공급원이 끊기는 듯했으나, 어머니는 이제 내 안에 들어와 살아계신다. 나는 스스로 자생력과 역량을 키워 다른 이들에게도 정신적 영양분을 제공하는 것을 소명으로 삼아 살아갈 것이다. 어머니의 죽음은 내게 비통함을 안겼지만, 한편으로는 절실함과 깨달음을 줬다. 내 어머니는 육체적으로는 세상을 떠나셨을지 몰라도 영적으로는 내 삶 속에서 부활하셨다.

부모님께서 우리에게 남기신 마지막의 의미도 중요하지만 자식이 부모님께 어떤 의미를 전해 드렸는가도 중요하다. 추억을 만들고, 삶과 인연에 대해 마무리하는 일은 쌍방향으로 함께 이뤄가는 작업이다. 여행하듯이 일상에서 벗어나 생각하는 시간이 필요하다. 나중에라도 후회하지 않도록 최악의 경우를 대비해 부모님을 자주 뵈러 가자. 그렇게 만든 추억들이 우리의 삶 속에 부활로 이어지리라는 믿음으로.

지금도 아침 출근길이면 어김없이 습관적으로 드는 생각이 있다. '고향에 계신 어머니께 전화를 드려야 하는데' 하는 생각이다. 돌아가신 지 6년이 지났다. 잊히지 않는 슬픔은 사랑하는 사람을 먼저 보낸 모든 이들이 겪는 고통이다. 어머니를 떠나보내기 전에는 몰랐다.

그렇지만 감사한 마음이 더 크다. 스마트폰에 남아 있는 살아생전 어머니의 영상을 본다. 그때는 그것이 마지막 영상이 될지 전혀 몰랐다. 2015년 입원 치료를 받고 7개월 만에 걸으시는 모습을 기쁨에 겨워 찍었던 것인데….

나는 초등학교 5학년 때 나주 영산포에서 광주로 전학했다. 어머니는 겨우 초등학교만을 졸업하셨다. 공부 못 한 게 한이라고 하셨던 어머니는 자식들 공부시키는 게 소원이셨다. 아버지는 생선 중개업으로, 어머니는 여인숙을 운영하며 자식들을 대학에 보냈다.

당시에 육남매를 영산포 시골에서 광주로 전학시켜 학비와 생활비를 지원하는 것은 쉬운 일이 아니었다. 여인숙에는 영산포 오일장에 물건을 팔러온 상인들이 주로 머물렀다. 손님들을 위해 무거운 솜이불을 빨며 고생하시던 어머니 모습이 지금도 생생하다. 주말이나 방학 때면 고향 집에 내려가 연탄불을 갈던 내 모습도 생생하다. 그때 우리 집은 요즘 한창 유명해진 '홍어 거리'에 있었다.

둘째 아들이 의사가 되고 교수까지 됐으니 얼마나 자랑스러우셨을까. 하지만 중학생 시절 나는 주말에 어머니께서 싸주신 반

찬 가방을 영산포에서 광주로 들고 가는 것이 마냥 창피했다. 가방에서 김칫국물이 흘러내려 버스 안을 냄새로 가득 채울 때는 쥐구멍에라도 숨고 싶은 심정이었다. 그래도 자취방에 도착해 짐을 풀면서는 제정신이 들었다. 정성껏 담아주신 어머니를 생각하며 그런 내가 얼마나 죄송했는지 모른다.

내게는 동생 윤민호가 있었다. 세례명은 안드레아였다. 민호는 결혼도 하기 전에 불의의 뺑소니 사고로 세상을 떠났다. 1994년 추석을 지내고 서울로 올라온 다음 날 새벽에 셋째 누님한테서 전화가 왔다. 민호가 사고를 당해 죽었다는 소식이었다. 나는 당장 버스를 타고 광주에 내려갔다. 버스에서 내리고 나서야 구두를 검은색과 밤색 짝짝이로 신고 있다는 사실을 알았다. 서둘러 구둣가게에 들러 새 구두를 사 신은 후 병원 시체보관실로 가서 동생의 죽음을 확인했다. 삶이라는 게 너무나도 허망했다. 큰딸을 암으로 잃고 막내아들마저 뺑소니 교통사고로 잃은 어머니의 심정을 어찌 헤아릴 수 있을까.

그러나 거듭 강조하지만 어머니의 삶은 끝난 게 아니다. 내 삶 속에 거하며 끊임없는 대화를 통해 나를 변화시키신다. 생텍쥐페리의 《어린 왕자》에서처럼, 모든 존재는 살아있으며 보이지 않기에 더 아름다운 법이다. 우리는 무엇을 기대하며 살아야 할까? 마

나는 품위 있게 죽고 싶다

지막을 함께할 이들에게 내 삶의 의미와 전설을 남기는 것이라고 나는 생각한다. 이 세상에 나를 기억해줄 단 한 사람만 있다면 내 삶은 의미 있으며 끝나지 않고 계속될 것이다. 그래서 희망은 사라지지 않는다.

| 아버지의 죽음 |

나는 초등학교 5학년 때 전학한 이후 중학교와 고등학교를 광주에서 다녔다. 어머니와 아버지는 내 인생에서 딱 한 번을 제외하고는 진로 결정을 전혀 간섭하지 않으셨다. 그 한 번이 고등학교 때 법대를 가라고 하시던 아버지의 조언이었다. 문과와 이과 중에서 선택해야 했을 때 아버지께 상의를 드렸는데, 그때 내게 아버지는 법대에 가야 한다고 단호히 말씀하셨다. 그러나 나는 이과를 선택해 의대에 가겠다고 고집을 부렸다. 나는 결국 아버지를 설득하지 못했고 내 고집도 꺾지 않았다.

세상을 떠난 큰 누님 때문에 의사가 되겠다던 내 결심을 아버지는 모르셨을 것이다. 아버지께 한 번도 말씀드린 적이 없었다. 누님처럼 아픈 환자들을 고치는 의사가 되고 싶다고 아버지께 말씀드렸으면 허락하셨을까? 그때 의대를 가려는 까닭에 대해서 내가 무슨 말씀을 드렸는지는 기억나지 않는다. 나중에라도 진심을 담아 자세히 설명해드렸으면 좋았을 텐데. 당시 주먹으로 벽을 치며 고집부리는 아들의 모습을 보면서 아버지는 얼마나 가슴이 아프셨을까. 지금 생각하니 부끄럽고 눈물이 난다.

돌아가신 아버지를 화장하고 선산에 모실 때 비가 억수같이 쏟아졌다. 고향 어른 들은 아버지가 고통 없이 편하게 떠나셨다며 호상이라고 하셨지만, 자식 입장에서는 그렇지 않았다. 아버지의 임종을 지키지 못한 아쉬움은 말로 표현할 수 없었다.

아버지는 돌아가시기 몇 해 전 내게 척추 통증을 호소하셨다. 나는 덜컥 겁이 났다. 그때 나는 혹시 암이 전이한 것은 아닌지 두려웠다. 아버지는 2000년에 전립선암을 진단받고 방사선 치료와 호르몬 치료를 받으셨다. 그 이후로는 별다른 문제 없이 지내셨다. 그러다가 갑자기 통증을 호소하셔서 검사를 받기 위해 급히 입원했다.

뼈 스캔, 척추 MRI, 폐 CT 등을 진행했는데 다행히 전이하거나 폐에 이상이 있지는 않았다. 마취통증의학과에 의뢰해 통증 치료를 받으셨지만 호전되지도 않았다. 젊은 시절 아버지는 오토바이를 즐겨 타셨고, 다리에서 추락해 척추를 심하게 다치신 적이 있

나는 품위 있게 죽고 싶다

었다. 어물전 장사를 하시느라고 무거운 짐도 많이 지셨다. 그것 말고는 달리 설명할 여지가 없었다.

아버지는 어머니가 돌아가신 뒤 고향인 영산포의 한 아파트에서 홀로 지내셨다. 어머니께서 8개월 동안 입원해 계실 때도 혼자 지내셨지만, 나는 막상 어머니가 돌아가시고 나니 이제 아버지가 걱정됐다. 처음에는 매일 전화를 드리다가 나중에는 불규칙적으로 전화를 드렸고 그 횟수가 줄었다. 예전에는 용건이 있을 때를 제외하고는 아버지께 따로 전화 드린 기억이 없었다. 평소 하던 행동도 아니었는 데다 자주 전화를 하다 보니 어느 날부터는 드릴 이야기가 없었다. 평소에 주고받은 추억들이 별로 없어서 그런 것 같았다. 애써 무언가 이야깃거리를 준비하지 않으면 드릴 말씀이 없어 그저 안부만 묻고 어색하게 전화를 끊었다.

이래서는 안 되겠다는 생각이 들어 매주 월요일 출근길마다 규칙적으로 전화를 드리기로 결심했다. 전화를 받지 않으실 때는 몹시 불안했다. 혼자 계시다가 다른 독거 노인들처럼 고독사를 당하시지는 않을까 염려됐다. 그때마다 광주에 사는 누님에게 전화를 걸어 연락을 드리곤 했다. 잠시 후 아버지께 전화가 올 때는 그렇게 반가울 수가 없었다. 초등학교 때부터 자취생활을 하다 보니 부모님과 떨어져 지내는 삶에 익숙했지만, 그래도 자주 통화해서인지 아버지와 새로운 정도 들었고 추억도 생겼다. 누님이 자주 들렀지만 돌아가시기 직전에는 가사 도우미에게 주 2회 식사와 청소 도움을 받고 계셨다. 나는 한두 달에 한 번은 KTX를 타고 나주로 내려가 아버지와 식사를 함께했다.

그러던 2018년 4월 20일, 아버지가 밤늦게 전화를 주셨다.

"평소와 달리 숨이 차구나."

"얼른 119로 전화하세요. 지금 제가 누님에게 연락을 드릴게요."

나는 전화를 끊고 바로 누님에게 전화해 아버지께 연락을 드리도록 했다. 119에 연락이 돼서 구급차를 불렀고 누님이 영산포로 가신다는 것을 확인하고는 조금 안심이 됐다. 심경색이 있지는 않았으니 괜찮을 거라고 생각했다. 그런데 아버지와의 그 통화가 마지막이었다. "아버지, 사랑하고 감사합니다"라는 말도 해드리지 못했다.

카뮈의 《이방인》의 한 장면처럼 장례식장은 낯설고 무덤덤했다. 어머니가 돌아가시고 2년 만에 아버지마저 돌아가시니 슬픔이 무뎌져서 그랬는지, 아버지와의 정이 어머니에 비해 약하게 느껴져서 그랬는지 모르겠다. 아니면 어머니가 돌아가신 이후 자주 전화 드리고 식사도 하고 추억거리도 만들어서 그랬는지도 모르겠다. 아버지 장례식은 고향에서 치르는 데다 어머니 장례식 이후 또 장례를 치르게 되니, 주변에 부담 주기 싫어서 아주 가까운 사람들 말고는 연락도 하지 않았다. 아버지를 화장하고 어머니 곁에 묻을 때 비가 엄청나게 쏟아졌다. 그때야 슬픔이 억수처럼 밀려왔다. 그 비가 지금도 내 마음에 내린다. 이제야 내 안에 살아계신 아버지께 말씀드린다.

"아버지, 사랑하고 감사합니다. 열심히 살아가겠습니다."

│ 살아남은 자들의 몫 │

2020년 7월 11일, 인도에 살던 가간(35세), 파완(30세), 프리티(25세) 세 형제가 극단적인 선택을 했다. 어머니가 세상을 떠난 뒤 슬픔을 견디지 못해 목을 매 숨진 것이다. 어머니가 그리워 우울증에 시달리며 사회적 관계도 끊고 식음을 전폐하며 집에서만 지냈다고 한다. 나는 이 소식을 접하고 이들이 부모를 잃은 슬픔으로 극단적인 선택을 하기보다는 부모님의 삶을 내 삶으로 이어가려는 긍정과 성장의 선택을 했다면 좋았지 않았을까 하는 생각에 몹시 안타까웠다.

나는 2년 사이에 어머니와 아버지를 모두 떠나보냈다. 내 삶도 이제 얼마 남지 않았다는 생각이 든다. 어머니께서 돌아가시기 전에는 자식 잃은 아픔을 또다시 드릴 수 없기에 최소한 어머니보다는 먼저 떠나지 않아야 한다고 생각했다. 어머니가 떠나신 다음에는 당신의 삶을 이어 살아가야 할 책임이 있기에 계속 살아야 한다. 이제는 잘 죽기 위해서라도 잘 살아야 한다. 그때도 그랬듯이 나는 지금도 내가 살아야 하는 이유를 나 스스로 만든다. 나는 세상을 떠난 이들이 우리 마음속에서 새싹을 틔우듯 나무가 돼 꽃도 피우고 열매를 맺어 우리 삶을 통해 이어지며 부활함을 믿는다. 그것이 지금 우리가 살아가는 자양분이 된다. 나아가 떠난 이들이 남겨준 삶 덕분에 우리가 살 수 있다는 사실은 기쁨과 행복이다.

　나는 몇 살까지 살게 될까? 몇 살까지 사는 것이 적절할까? 언젠가 떠나야 한다면 어떻게 가는 것이 좋을까? 2020년 통계청 발표에 따르면 2019년 출생자의 평균 기대 수명은 83.3세다. 기대 수명 중 질병이나 부상으로 고통받은 기간을 제외하고 건강한 삶을 유지하는 기간인 건강 수명은 64.4세다. 이 말은 64세 이후에는 18.3년을 병든 채 살아야 한다는 뜻이기도 하다. 기대 수명은 늘고 있는데 건강 수명은 짧아지고 있다. 올해 내 나이 만 57세다. 평균적으로는 살아온 삶의 절반가량이 남았다. 어쨌든 인생 중반부터는 살아갈 날이 살아온 날보다 짧다는 것은 확실하다. 그렇기에 얼마나 더 사느냐보다 어떻게 살다가 어떻게 마무리하느냐가 더 중요하다.

20여 년 전 내가 군의관으로 있던 시절 동생 민호가 세상을 떠났다. 몇 년 전에는 어머니와 아버지가 모두 돌아가셨다. 중학교 1학년 때는 스물네 살 큰 누님을 위암으로 잃었다. 이제 곧 내 차례다. 내 나이 50대 후반이므로 남들보다 유달리 직계 가족을 많이 잃은 것은 아닐 테다. 그렇지만 학창 시절부터 웰다잉 연구와 활동을 하다 보니 가족의 죽음이든 환자의 죽음이든 내게는 무겁게 다가왔다. 유별나게 죽음을 더 고민하고 삶의 의미를 더 되새기게 됐다. 내 삶이 끝나는 순간까지 떠나보냈던 이들을 놓지 못하고 내 삶 속에 살아있게 하고자 애써왔다.

사람이라면 누구나 삶에서 위기를 맞게 된다. 삶의 위기를 실패가 아니라 성장을 위한 새로운 도전의 기회로 바라보는 것은 자신의 선택이다. 자신의 태생적 한계를 극복하고자 몸부림치는 것도 인간만이 가진 특성이다. 많은 사람이 자신이 태어난 것은 스스로의 선택이 아니라고 여긴다. 그러지 말고 내가 이 세상에 존재하게 된 것은 주어진 것이 아니며 내가 선택한 결과라고 생각해보

자. 그러면 세상과 삶을 대하는 생각과 행동이 바뀐다.

│ 죽음을 준비시키는 의사 │

나는 가정의학과 레지던트 1년차일 때 인턴으로 의사 생활을 시작했다. 가정의학과 전공의를 선발할 때 인턴 과정을 수료하지 않아도 지원이 가능했었다. 의사가 된 첫해, 전공의 과정을 시작한 3월에 만난 환자가 기억난다. 간암 말기 환자였고, 식도정맥류 출혈을 막는 일이 내 주업무였다. 초기에는 안정적이었지만 출혈이 점점 심해졌고 결국 어떤 조치에도 멈추지 않았다. 나는 환자가 집에서 임종하도록 구급차에 태워 보내야 했다.

그때 환자의 보호자가 "왜 살리지 않고 포기하느냐"며 나를 원망했다. 나는 너무 슬펐다. 눈물이 났다. 주치의는 아니었지만 나는 최선을 다했고 더는 할 수 있는 것이 없었다. '불가항력'이라는 말로밖에 설명할 수 없는 상황이었다. 사람을 살리기 위해 의사가 됐는데, 돌보던 환자가 내 눈앞에서 죽어가는 모습을 보니 큰 충격을 받았다. 더욱이 보호자의 원망은 내게 크나큰 좌절감을 안겼고, 나는 한동안 우울증에 빠져 의사 일을 그만둘 생각까지

했다.

　그때까지만 해도 나는 의사의 사명은 생명을 살리는 일이라고만 생각했지, 살릴 수 없는 경우에 환자가 죽음을 잘 준비할 수 있도록 돕는 것 또한 의사의 사명임을 알지 못했다. 의사는 살 수 있는 사람만 살릴 수 있을 뿐 죽을 사람을 살리지는 못한다는 사실도 새삼 깨달았다. 임종 과정을 보살피는 일, 죽음을 향한 여행길에 오르게 될 사람들의 고통을 줄여주고 자리를 지켜주는 것도 의사가 해야 할 가치 있는 일임을 모르고 있었다. 의대 시절 배운 적도 없었고, 전공의 수련 과정에도 그런 내용은 전혀 없었다.

　그 일이 있고 나서 얼마 뒤 간신히 기운을 차린 나는 천주교 원목실에서 소개해준 고등학생 환자를 만나고자 신경외과 병실을 방문했다. 학생은 뇌간(brain stem, 뇌줄기) 종양이 수술 불가능한 상태로까지 진행해 팔다리를 움직이지 못한 채 오랫동안 입원해 있었다. 가족이라고는 간병하던 어머니뿐이었다. 할 수 있는 게 없었던 나는 그저 이야기를 들어주고 함께 기도해주는 게 전부였다. 그런데도 두 사람은 내가 가면 반가워했다. 하지만 결국 학생은 중환자실로 가게 됐고, 다시는 병실로 돌아오지 못했다. 그리고 아들을 먼저 떠나보내고는 살 수 없었던 것일까, 그 어머니마저 아들이 사망한 후 채 1년도 되지 않아 근육종이 복막까지 전이해 세상을 떠나고 말았다. 이들을 소개해준 원목실 수녀님도 암에 걸려 몇 년 뒤 세상을 떠났다.

이후 나는 2년차 레지던트로 주치의 역할을 소아과에서 시작했다가 2개월 동안 경기도에 있는 한 종합병원 산부인과에서 파견 근무를 하게 됐다. 그때 나는 출산이 마냥 감격스럽고 축하할 일을 넘어 산모가 아이를 위해 목숨을 거는 고귀한 희생이라는 사실을 깨달았다. 두 달 동안 이틀에 한 번씩 혼자 산부인과 야간 당직을 하면서 출산을 도왔고 의사로서 큰 보람을 느꼈다. 당시 나는 응급실을 찾은 산모의 자궁 외 임신을 초음파검사로 진단해 응급으로 무사히 수술할 수 있도록 했고, 조산으로 인한 자궁 근육 무력증 환자에게 전혈 30여 개를 수혈해 살리기도 했다.

그러나 제왕절개 수술로 출산한 뒤 사망한 산모도 있었고, 심부전 임산부가 사망하기도 했다. 그도 그럴 것이 내가 파견된 그 병원은 심장 전문 병원으로 유명해서 심장질환이 있는 고위험군 산모들이 찾던 곳이었다. 산부인과 전공의 4년 수련 기간에도 경험하기 힘든 응급상황들을 가정의학과 전공의인 내가 2개월 동안 겪었다. 나는 또다시 좌절을 겪고 무력감에 빠져야만 했다.

전공의 시절 환자들의 죽음은 내게 의사로서 죽음에 대해 진지하게 고민하도록 유도했다. 레지던트를 마치고 군의관으로 근무

하던 3년 동안 철학, 윤리학, 신학을 공부했고 죽음관을 정립할 수 있었다. 그중 칼 라너의 《익명의 그리스도인》과 《죽음의 신학》이 매우 인상적이었으며, 가톨릭에 대한 내 종교관과 죽음관이 틀리지 않았다는 사실을 깨닫게 됐다.

그 뒤로 가정의학과 전문의가 되고 서울대학교병원 펠로우를 하면서, 한일병원과 국립암센터 전문의로 호스피스 케어를 하면서 많은 환자를 떠나보냈다. 내게는 나보다 앞서 떠난 가족과 환자들의 희생, 그들이 내게 준 죽음에 대한 가르침과 지혜를 헛되이 하지 않고자 봉사하면서 성실히 살아가야 할 책임이 있었다. 나는 이 책도 그 책임 중 하나라고 여긴다.

대학 시절 "독재 타도!"를 외치며 시위도 하고 시험 거부도 했다. 6.10 민주항쟁 때는 〈우리의 소원은 통일〉을 부르며 학우들과 함께 가운을 입은 채 시위하면서 부상자들을 돕기도 했다. 그때 가톨릭학생회 '울톨릭'에서 함께 활동하던 학우로부터 "경찰들이 아무리 독재자와 하수인 역할을 하는 사람들이라지만, 요즘 보면 네가 그들을 너무 증오하는 것 같다", "죄는 미워하되 사람을 미워해서는 안 된다는 가르침을 어기는 게 아니냐"는 말을 들었다. 대학 정문에서 돌을 던지고 최루탄 연기를 마시며 눈물 콧물을 흘리다 보니, 악에 받쳐 어느 순간부터 사람을 증오하고 있던 것이다. 나는 그의 말에 내 모습을 돌아보고 충격을 받았다. 그때까지는 전혀 그런 내 모습을 알아채지 못했다. 나는 매우 우울해져서 한동안 하염없이 눈물만 흘렸다. 한강 다리를 건널 때면 넓은 강물을 바라보면서 자살 충동을 느끼기도 했다.

그러다가 헤겔 철학을 공부하고, 실존주의에 탐닉하고, 사회심리학자 에리히 프롬의 《자유로부터 도피》《건전한 사회》《소유냐 존재냐》《환상의 사슬 너머》와 같은 책들을 접하게 됐다. 존 롤스의 《정의론》에도 심취했다. 이들 사상가의 생각이 나로 하여금 죽음의 유혹으로부터 벗어나게 해줬다. 그때부터 나는 인간의 정신에 큰 관심을 갖게 됐다. 인간의 태생적 불완전성, 파괴성, 불안과 도피, 한계와 가능성을 인식하게 됐다. 빅터 프랭클의 《죽음의 수용소에서》와 《삶의 의미를 찾아서》를 읽고 난 뒤에는 인간과 세상에 대한 의미, 내 존재의 의미를 찾는 삶을 생각했고 그런 삶을 살겠다고 결심했다. 젊은 날의 좌절과 고뇌, 어린 시절부터 이어진 주변 사람들의 죽음이 내 뇌에 몰입의 에너지로 융합돼 삶과 죽음에 대한 가치관을 형성했다.

나는 당신의 두 자녀를 먼저 떠나보낸 어머니보다 먼저 세상을 떠나서는 안 된다는 일념으로 건강검진도 열심히 받았다. 상복부 통증이 있으면 위암이나 췌장암이 아닐까 걱정했다. 통증이 가라

나는 품위 있게 죽고 싶다

앉는지 며칠 지켜보다가 1~2주 이상 지속하면 그 즉시 검사를 받았다. 내가 유독 스트레스를 많이 받고 예민한 성격이라서 더 그랬던 것 같다. 다음은 내 차례라는 생각, 얼마 남지 않은 삶이라는 두려움도 한몫했다. 나는 내게 어떤 불행한 일이 생기더라도 받아들일 준비를 하고 있었다. 그래서 지금 해야 할 일들을 미루지 말고 할 수 있을 때 하자고 다짐했다.

사람이라면 누구나 살면서 죽을 고비 한두 번쯤은 넘긴 기억이 있을 것이다. 내게는 어릴 적 기억이 그랬다. 가장 오래된 기억은 돌도 되기 전인 것 같은데, 기어가다가 아궁이에 빠져 왼쪽 허벅지부터 무릎 아래까지 큰 화상을 입었던 기억이다. 어머니 말씀으로는 아궁이에 빠진 게 아니라 난로에 있던 주전자가 넘어져 화상을 입어 죽을 고비를 넘겼다고 하셨다. 그때 일을 기억한다는 게 나도 놀랍지만, 그만큼 당시에 큰 충격을 받아 내 자아가 지어낸 기억이거나 꿈일 수 있을 것이다. 기억도 왜곡됐을 것이다. 너무 오래전 일이니 어찌 보면 당연하다. 그런데 지금도 그때의 흉터가 넓게 남은 것으로 봐서는 전신 10% 이상에 2도 화상으로 당시로서는 심각한 상황이었을 것 같다. 죽을 고비를 넘겼다는 것만큼은 사실이다. 지금이야 별것 아니지만, 1960년대 의료 수준에서는 그랬을 것이다.

두 번째로 죽을 고비를 넘긴 기억은 집과 가까운 영산강에서 물놀이를 하다가 물이 깊은 곳에 빠졌던 일이다. 누가 구해줬는지는 기억나지 않지만, 허우적거리며 익사할 뻔한 나를 누군가 뭍으로 끌어냈다.

내가 지금도 보관하고 있는 사진 중에서 가장 오래된 것은 네다섯 살 때쯤 누이 소풍에 따라가 무덤 앞 비석 옆에서 찍은 사진이다. 왜 하필 무덤에서 사진을 찍었는지는 알 수 없지만, 내 삶에서 죽음은 떼어낼 수 없고 결국 죽음과 관련한 일을 하리라고 운명 지어졌던 건 아닐까 해석해본다.

죽어가는 사람을 직접 본 일은 의대 4학년 졸업반 이전에는 없다. 할아버지는 내가 태어나기도 전에 돌아가셨고, 할머니는 내가 의사가 된 후 전공의 시절에 고향 집에서 돌아가셔서 임종을 지켜보지 못했다. 내가 《나는 죽음을 이야기하는 의사입니다》에서 처음 언급한 위암 말기 환자의 죽음이 처음으로 직접 목도한 죽음이었다. 심폐소생술을 받는 환자 곁에서 한없이 눈물을 흘렸던 기억이 지금도 생생하다. 이후 나는 호스피스 환자가 사망하면 반드시 장례식장을 찾아 조문했다. 가족과 환자에 대한 기억을 나누고 위로했다.

제3장

누구에게나 잘 죽을 권리가 있다

어느 날 지인에게 전화가 왔다. 80대인 부친께서 그동안 암으로 치료를 받아왔는데, 최근 주치의로부터 더이상 치료가 어렵다는 이야기를 들었단다. 아버지께는 아직 말씀드리지 못했는데 어떻게 하는 게 좋을지 내 조언을 듣고 싶다고 했다. 아버지께 직접 여쭐 수도 없는 상황인 데다, 괜히 말씀드렸다가 충격을 받고 치료를 포기하시지 않을까 염려하고 있었다.

주치의는 최종 결과가 나와야 알겠지만 마음의 준비는 해야 할 것 같다고 했다. 검사 결과에서도 마찬가지라면 결국 수개월 내에 임종이 예상되는 '말기'에 해당했다. 가족 입장에서는 진실을 알려야 하는지, 알린다면 어떻게 알릴 것인지, 남은 삶을 어떻게 준비해야 하는지에 대해서 고민할 수밖에 없다.

진실을 알려야 할까? 결론부터 말하자면 환자는 진실을 알아야 한다. 삶을 잘 마무리하고 의미를 부여함으로써 아름다운 마무리, 즉 웰다잉을 할 수 있도록 준비할 수 있는 기회를 막아서는 안 된다.

나도 전공의 시절부터 암이라는 사실, 그것도 말기라는 사실을 환자에게 알려야 할지 말아야 할지에 대해 고민을 많이 했다. 환자, 가족, 일반인, 의사들을 대상으로 여러 차례 연구도 진행했다. 요즘은 의학이 발달해 10명 가운데 7명은 완치되지만, 불과 1990년대 초만 하더라도 암 진단을 받으면 10명 중 9명은 살아남지 못했다.

| 헛된 희망보다 남아 있는 삶의 진실에 |

진실을 알리는 문제에 관해 체계적인 연구가 시작된 때는 약 60년 전이다. 1961년 미국의 오켄 교수가 219명의 의사를 대상으로 "죽음이 임박한 환자에게 그 사실을 알릴 것인가?"라는 설문 조사를 진행했다. 이 조사에서 당시 의사 대부분은 말기라는 사실을 알리는 데 반대했다. 그런데 1979년 노박 연구팀이 의사 278명을 대상으로 실시한 조사에서는 반대 결과가 나왔다. 의사 대부분이 진실을 알려야 한다고 답변했다. 병을 앓는 당사자로서 환자는 당연히 진실을 알 권리가 있으며 의사는 알릴 의무가 있다는 것이었다.

그렇다면 어떻게 20여 년 만에 관점이 완전히 바뀌게 됐을까? 첫 번째 이유는 1969년 엘리자베스 퀴블러 로스가 죽음을 앞둔 사람들과의 인터뷰 결과를 정리한 《죽음과 죽어감》이라는 책에서 찾을 수 있다. 이 책은 출간 즉시 큰 반향을 불러일으켰는데, 사람들이 임종 과정에 관심을 갖고 이해하는 계기가 됐다.

두 번째 이유는 이 시기에 소비자중심주의가 부각하면서 의료계에서도 환자의 권리를 강조하게 됐다는 데 있다. 당사자(의료 소비자)인 환자 자신이 정확한 진실을 알아야 한다는 논리였다. 세 번째 이유는 환자의 병이 치료될 수 없는 시점이라도 의사라면 마땅히 통증 완화 노력과 더불어 인간적 돌봄을 계속 제공해야 한다는 분위기가 형성됐기 때문이다. 의료법 개정을 통해 말기라는 사실을 환자에게 설명하지 않을 경우 도덕적 책임뿐 아니라 법적 책임까지 물을 수 있게 된 것도 크게 작용했다.

우리나라에서도 이와 관련한 연구 결과가 있었다. 1979년 서울대 의대 조두영 교수가 의사 152명을 대상으로 실시한 설문 조사 결과를 발표했다. 10명 중 8명이 말기 사실을 통보하는 데 반대했다. 하지만 1981년 박동건 교수팀이 의사가 아닌 환자 84명을 대상으로 진행한 조사에서는 환자 대부분이 찬성했다. 환자들은 의사들의 생각과는 달리 이른바 '알 권리'를 요구했다. 이후 말기 사실 통보와 관련한 연구는 진행되지 않았다.

그러다가 20년 뒤 내가 국립암센터 삶의질향상연구과장으로 일할 때 연구를 재개했다. 2004년에 나는 그동안 380명의 암 환자와 281명의 가족을 대상으로 진행한 말기 통보에 대한 태도 연구 결과를 종합해 논문으로 발표했다. 환자는 96%가 찬성한 데 반해 가족은 77%가 찬성했다. 말기로 진단되면 의사가 즉시 알려야 한다는 게 지배적인 의견이었다. "환자에게 인생을 정리할 기회를 줘서 자신의 죽음에 대한 마음의 준비와 남은 일을 처리할 수 있도록 해야 한다"는 것이 가장 큰 이유였다.

"환자에게는 자신의 상태에 대한 진실을 알 권리가 있으며, 향후 치료 계획에 대해서도 스스로 결정할 수 있도록 해야 한다"는 의견도 있었고, "불필요한 치료에 대한 가족의 부담을 덜어줘야 한다"는 의견도 있었다. 반대 이유로는 "남은 삶에 대한 진실이 환자를 우울하게 만들어 희망을 잃고 좌절할 수 있으며, 그로 인해 자살할 수도 있다"는 의견이 대표적이었다.

이 결과는 국내는 물론 해외에서도 주목을 받았는데, 당시까지만 해도 동양 정서상 말기 사실을 환자에게 알리는 것을 금기시하는 분위기였기 때문이다. 그런데 막상 조사해보니 환자 스스로 알고 싶어 한다는 결과가 나왔다. 동양인들은 보수적이어서 죽음을 거론하는 것을 터부시한다는 서양인들의 선입견도 이로 인해 무너졌다.

그렇지만 이미 우리나라 사람들은 자기결정권을 중요하게 여기고 있었다. 같은 시기 대국민 조사 결과에서도 10명 중 9명이 "환자 자신이 알아야 한다"고 응답했다. 2008년과 2016년에 실시한 조사에서도 같은 결과가 나왔다. 이는 환자의 주체성을 더 중시한다는 것을 의미했다. 이 연구 결과는 세계적 학술지인 〈임상종양학저널(Journal of Clinical Oncology)〉에 게재됐고 내 연구 역량을 한층 끌어 올렸다. 이후로도 나는 〈임상종양학저널〉에 7편의 논문을 주저자로 발표했다. 〈임상종양학저널〉이 대단한 학술지라는 사실을 알았다면 투고할 생각을 하지 못했을 것이다. 그 사실을 몰라서 아무렇지도 않게 투고할 수 있었다. 무식해서 용감했던 결과였다.

│ 마무리할 시간이 필요하다 │

암이나 심혈관질환 등 만성질환으로 매년 25만 명 정도가 수개월 내 사망하는 과정을 겪고 있다. 암으로 인한 사망자 10명 중 8명은 말기 과정을 거친다. 만성질환자들을 담당하는 의사나 그 가족이 공통으로 겪는 고민이 있다. 앞서 말한 "삶이 몇 개월 남지 않았다는 사실을 알릴 것인가?" 하는 고민이다. 수차례 설문 조사에서는 "그날이 오면 미리 알기를 희망한다"는 결과가 나왔다.

그러나 현실은 달랐다. 국립암센터와 서울대학교병원 등 국내 12개 대형 병원의 말기 환자 481명과 가족 381명을 대상으로 실태 조사를 했더니, 환자 10명 중 4명은 자신의 삶이 얼마 남지 않았다는 사실 자체를 모르고 있었다. 알고 있는 환자도 절반만이 의사로부터 직접 설명을 들었고, 나머지는 가족에게서 들었다고 했다. 충격적인 사실은 환자 4명 중 1명은 상태가 악화하면서 자기 혼자 추측해서 알게 됐다는 것이었다.

이들의 심정은 어땠을까? 우리 연구팀은 의사나 가족이 사실을 알려준 환자들과 스스로 짐작해서 알게 된 환자들의 '삶의 질'을 비교하는 연구를 진행했다. 당연한 결과겠지만 환자 자신이 짐작해서 알게 된 경우가 가장 좋지 않았다. 의사가 환자에게 직접 설명을 해줬다면, 적어도 가족이라도 알려줬다면, 현재 상태를 정확히 파악해 앞으로 어떻게 준비해야 할지 함께 고민하면서 위로를 받을 수 있었을 것이다. 거짓된 희망은 환자에게 전혀 도움이 되지 않는다.

우리는 환자가 진실을 알게 될 경우 좌절에 빠져 투병 의지를 잃거나 그 충격으로 더 빨리 세상을 떠날 수 있다는 우려에 관해서도 연구 조사를 진행했다. 이에 대한 답을 구하고자 481명의 말기 환자를 대상으로 사망까지의 과정을 관찰했다. 우려와 달리 말기라는 사실을 알았던 환자들과 몰랐던 환자들의 생존 기간에는 전혀 차이가 없었다.

이와 같은 연구 결과를 떠나서, 죽음을 전혀 준비하지 못한 채, 삶을 마무리할 기회를 갖지 못한 채, 무방비 상태로 죽음을 직면토록 하는 것은 비인간적인 처사다. 아픈 것도 슬프고 억울한 일인데 시간 낭비까지 해야 할까? 사람이라면 누구에게나 남은 삶을 잘 마무리함으로써 삶을 완성할 권리가 있다. 사랑하는 가족과 친구들에게 자신의 정신적 유산을 남기고 죽는 순간까지 인간의 존엄성을 지키며 삶의 마지막을 맞이할 권리가 있는 것이다.

죽음이라는 진실은 모두에게 두려운 법이다. 마지막 순간까지 의식이 없는 상태에서 죽음을 맞이했을 환자들도 있을 것이다.

이렇게 생각해보자. 내가 만약 지금 말기 진단을 받게 되면 지난 가을에 밟은 낙엽이 내 생애 마지막 낙엽이 된다. 올겨울 보게 될 눈이 이 세상에서 본 마지막 눈이 되며, 다음 봄에 만개할 목련과 개나리, 벚꽃과 라일락도 마지막이 되는 것이다.

그런데 지난 명절이나 이번 모임에서 만난 사람들과의 만남이 마지막이라는 사실을 환자가 모른다고 가정해보자. 서로 꼭 해야 했을 마지막 말도 못 하고 아무 준비도 하지 못한 채 세상을 떠나고 떠나보내야 한다. 이것이 불행이 아니면 무엇일까? 삶을 마무리하고 이 세상과 소중한 사람들에게 작별 인사를 할 기회를 박탈해서는 안 된다. "그동안 고마웠고, 행복했고, 사랑한다"고 말할 수 있는 시간을 가져야 한다. "미안했다, 용서해라"는 말을 해야 했을 사람들도 있다. 삶이 얼마 남지 않는 사람을 위한 첫걸음은 진실을 알리는 것이다. 두려운 진실일지라도 결국 그 진실이 모두를 자유롭게 할 것이다.

| 죽음을 받아들이는 과정 |

《죽음과 죽어감》에서 엘리자베스 퀴블러 로스는 환자가 죽음을

받아들이는 과정을 '부정—분노—타협—우울—수용'이라는 다섯 단계로 설명했다. 말기 통보를 받은 사람들의 첫 반응은 '부정'과 '분노'지만, '타협'과 '우울'의 과정을 거쳐 결국 '수용'하게 된다는 것이다. 하지만 모두가 획일적으로 이 다섯 단계를 전부 거치지는 않는다. 일테면 '부정—분노—타협' 과정 없이 처음부터 '우울' 단계만 거치고 곧바로 '수용'하는 환자들도 있다.

"지금 내 마음이 괴로워 죽을 지경이니 너희는 여기 남아서 나와 같이 깨어 있어라."(마태복음 26:38)

서른셋의 나이에 예수께서는 게세마니 동산에서 죽음을 인지하고 이렇게 기도했다.

"아버지, 아버지께서는 하시고자만 하시면 무엇이든 다 하실 수 있으니 이 잔을 저에게서 거두어주소서. 그러나 제 뜻대로 하지 마시고 아버지의 뜻대로 하소서."(마태복음 26:39)

예수께서는 결국 하느님의 뜻에 따라 인류를 구원하고자 십자가에 못 박혔다. 죽음을 직면하게 될 때 우리가 어떻게 해야 하는지, 두려움과 절망을 넘어선 희망이 무엇인지 가르쳤다.

"선생님, 우리 어머니(아버지)께서 얼마나 사실까요?"

말기 진단을 받을 때 가족이 가장 먼저 하는 질문이다. 《삼국지연의》를 보면 적벽대전이 있고 난 뒤 노신이 형주를 차지하고 있던 유비를 찾아가 형주를 돌려달라고 하는 대목이 나온다. 유비와 제갈량은 형주의 원래 주인인 유기가 살아있는 동안에는 대신 맡아야 할 책임이 있으니 그가 세상을 떠난 후 돌려주겠다고 대답한다. 유기는 불치병을 앓고 있었다. 그러자 노신은 그의 병색이 깊어 반년을 넘기지 못할 것으로 보고 그때까지 기다렸다가 형주를 돌려받자고 주유를 설득한다. 그의 예측대로 유기는 반년을 넘기지 못했다.

미국에서는 기대 수명이 6개월 남은 환자를 호스피스 대상자로 정한다. 덴마크의 경우 말기 진단을 6개월 이하의 기대 수명을 가진 시점으로 정의한다. 말기 환자에게 호스피스가 표준적 돌봄이라는 것이 세계적 추세다. 말기에 대한 판단은 예나 지금이나 비슷하지만, 의사들의 예후 판단이 부정확하다는 사실은 오래전부터 잘 알려져 있다.

말기 진단 후 어느 정도 생존할지를 판단하는 일은 향후 치료 계획과 연명의료에 대한 계획을 세우는 데 매우 중요하다. 우리 연구팀은 이 질문에 대한 답을 구하기 위해 앞서 언급한 481명 말기 환자들의 생존 기간을 추적 조사했다. 이들 중 절반이 약 2개월인 69일 이내에 세상을 떠났으며 평균 5개월 정도 생존했다. 내가 이전에 했던 연구와 별반 차이가 없었다. 그런데 같은 말기 환자라도 생존 기간 차이는 컸다. 1개월 만에 세상을 떠나기도 했고 6개월 이상 가족들과 보내는 환자들도 있었다.

반면 암 외의 만성질환이나 노화에 의한 임종 시점을 예측하기란 어렵다. 이런 이유로 말기 판단이 여의치 않아 호스피스를 제공하기 어렵다고 말하는 전문가 및 정책 담당자들이 있다. 그러나 미국에서 65세 이상 노인 1만 4,456명을 대상으로 6년 동안 추적 조사한 연구에 따르면, 이 기간에 사망한 4,190명의 사망 양상을 분석한 결과 말기 암의 경우와 유사하게 사망 3개월 전부터는 불가역적인 상태로 악화했다. 미국 호스피스의 경우 전체 환자 가운데 암이 29%에 불과하며 심장질환(17%), 치매(16%), 호흡기질환(11%), 뇌졸중(10%) 등이 대부분을 차지한다. 호스피스 등록 후 돌봄 기간이 2~3개월 정도인 것을 고려할 때 그들의 생각이 틀렸음을 알 수 있다.

예측이 어렵다면 정확하게 예측하기 위한 연구를 해야 할 것이다. 우리 정부는 그토록 자랑하는 암 등록 자료, 호스피스 등록 자료, 건강보험 의료 이용 자료, 병원 자료 등 다양한 빅데이터 정보를 확보하고도 '웰다잉을 위한 빅데이터(Big Data for Well-dying)'를 구축하고 '기계 학습 기술(Machine Learning Technology)'이나 '딥러닝 기술(Deep Learning Technology)'을 이용한 인공지능(AI)으로 분석하려는 시도조차 하지 않고 있다. 의지만 있다면 충분히 가능한 일이다. 언제나 문제는 답이 없는 게 아니라, 답을 찾으려는 절실함이 없다는 데 있다.

어머니는 희귀난치성 폐출혈로 치료받고 회복하셨지만 결국 재발해 돌아가셨다. 첫 진단을 받은 지 8개월 만이었다. 이전에 썼던 약이 효과가 없어 면역억제제를 쓸 때 이미 예상했어야 했다. 두 번째 치료 부작용 때문에 폐렴과 치명적인 패혈증에 걸리셨다. 이겨내지 못하실 수도 있다는 생각은 미처 하지 못했다. 그저 '좋아지시겠지'라는 희망만 품었다. 의사인 내게도 이런 경우 미리 조언해줄 전문가가 필요했다. "최상을 희망하지만, 최악을 대비한다"가 만성질환을 앓고 있는 환자와 가족에게 꼭 필요한 교훈이다.

죽어서 고급 수의를 입고 관에 눕는 게 좋은 죽음이 아니라, 삶을 잘 마무리하고 의미를 부여해 주변 사람들에게 정신적 유산으로 남기고 떠나는 것이 인간으로서 품위 있는 죽음인 것이다.

│ 언젠가는 맞이해야 할 죽음이기에 │

예전에 나이가 지긋한 대부분 어르신들은 "빨리 죽어야지" 하고 입버릇처럼 말씀하셨다. 자식들에게 부담 주기 싫고 험한 꼴 보이기 싫어서 그랬을 것이다. 그렇지만 오늘날의 복지국가에서는 빨리 죽고 싶어도 마음대로 죽을 수가 없다. 국가와 병원이 끝까지 '연명시키기' 때문이다. 그렇기에 관건은 언제 죽느냐가 아니라 어떻게 죽느냐다. 그래서 요즘 어르신들은 "잘 죽어야지" 하고 말씀하신다.

웰다잉은 대세다. 그런데 나이에 따라 다른 반응을 보인다. 70대까지는 웰다잉에 대해 관심을 갖고 이야기하지만, 죽음에 더 가까워진 80대로 들어서면 정작 죽음에 대해 말하기를 꺼린다. 죽음이 직접적인 문제가 되면 이야기가 달라지는 것이다. 물론 죽음이 두렵고 피하고 싶다는 생각이 드는 것은 자연스러운 현상이다. 오죽하면 "개똥밭에 굴러도 이승이 낫다"고 했을까. 기대수명이 83.3세이고 얼마 지나지 않아 100세까지 살 것으로 기대하지만, 언젠가는 맞이해야 할 죽음이기에 그래도 말해야 한다. "죽음이 멀지 않았다"고, "준비해야 한다"고 말이다. 대니얼 카너먼은《생각에 관한 생각》에서 이렇게 말했다.

"인간은 이성적으로 행동하는 것 같지만, 정작 위기상황에 몰리면 감성적으로 결정하는 경향이 있다."

질병이 치료에 반응하지 않고 악화하면 1년 내 또는 수개월 내 사망이 예상되는 시점이 온다. 필요한 정보가 환자에게 공유되지 않으면 두려움으로 마음이 흔들린다. 지푸라기라도 잡고 싶은 막연한 심정 때문에 합리적 의사결정을 기대하기란 어렵다. 평소 이성적일 때 죽음에 대한 이야기를 해둬야 한다.

우리나라에서는 막상 중요한 결정을 해야 할 때 가족이 결정하는 경우가 비일비재하다. 환자에게 감추더라도 누구 한 사람 주체성을 침해했다고 문제 삼지 않는다. 환자를 위한다는 명분으로 죽음에 관해서는 주체성, 즉 자기결정권을 무시하며 마치 관행처럼 이어져 오고 있다. 최근 연명의료결정법이 생겼어도 마찬가지다. 죽을 때 자신이 무엇을 원하는지 미리 말해두지 않으면 작별 인사도 하지 못한 채 기계에 매달려 바라지 않던 최후의 전투를 치르게 된다.

고통 없이 비참하게 죽지 않고 잘 죽기 위해서라도 자신의 죽음에 대해 미리 이야기해야 한다. 그렇지만 그런 말을 꺼내기도 어렵고 준비하기도 어려운 현실이다. 웰다잉 전문가가 필요한 이유다.

우리 대부분은 불의의 사고를 제외하고는 치명적인 질병 아니면 노화로 죽는다. 마르틴 하이데거가 《존재와 시간》에서 말했듯 "인간은 죽음을 향한 존재"다. 지금 이 순간에도 우리는 죽음을 향해 한 발 한 발 다가가고 있다. 하지만 죽음에 대한 이야기는 여전히 사회적 금기로 작용하는 경우가 많다. 사망이 임박한 순간까지도 애써 모른 척한다.

의사, 간호사, 소방관들은 종종 사망을 목격하기에 죽음을 자연스러운 과정으로 받아들이는 편이다. 일반인에 비해 두려움도 적다. 그러나 어디까지나 상대적으로 그렇지, 환자들의 임종 과정을 수없이 지켜보고 죽음에 관한 연구를 해온 나조차도 죽음 그 미지의 것 앞에서는 두렵다.

그런데도 두려워서 포기할 게 아니라 죽음을 밝은 곳으로 끌어내 성찰하고 인생을 의미 있게 마무리하기 위한 대화를 시작해야 한다. 시작이 두려움을 사라지게 만들 것이다. 자연으로 돌아가는 길을 두려워하지 않는다면 "모든 인간은 죽는다"는 엄연한 진실 앞에서 겸허한 마음을 가질 수 있다. 절망으로 받아들이는 대신 삶의 완성으로서 끌어안을 수 있다. 죽음은 고통이라는 두려움을 가진 사람들은 임종 과정에서 불필요한 연명의료를 찾는다.

미리 죽음을 이야기해야 하는 이유는 또 있다. 삶과 죽음에 대한 평소 생각을 공유하고 재산이나 유언 등 주변 정리를 하기 위해서다. 죽음은 개인의 문제이면서 가족의 일이기도 하다. 환자가 의식이 없다면 가족이 환자를 대신해 임종의료에 관한 결정을 할 수밖에 없다. 임종의료란 삶의 마지막 과정에 있는 환자에게 제공되는 각종 검사와 시술, 심폐소생술, 중환자실 입원, 호스피스 등의 의료 행위를 일컫는다. 환자 자신의 생각과 다른 방향으로 이뤄질 수도 있기에 미리 가족과 이야기를 나눠야만 실제 응급 상황에서 원하는 방향으로 가족이 결정을 내릴 수 있다. 사전연명의료의향서를 작성해 가족에게 이 사실을 알리는 것도 도움이 된다.

사별한 가족들은 생전에 환자와 죽음에 관한 대화를 나눈 경우 좋은 죽음을 맞이했고 양질의 임종의료를 받았다고 말한다. 진실을 알린 뒤에야 환자가 정말로 원하는 게 무엇인지 가족이 알게 되고 따를 수 있다. 어머니를 여읜 한 50대 여성은 내게 이렇게 말했다.

"어머니가 당신에게 삶이 얼마 남지 않았다는 사실을 아시게 되니, 당신 사후 장례에 대해 유언을 남길 수 있는 시간적 여유가 생겼어요. 자식으로서 어머니가 원하시는 대로 해드릴 수 있었던 것이 참으로 다행스러운 일이었다고 생각합니다."

호스피스에도 더 일찍 옮길 수 있다. 호스피스에 입원한 환자는 적극적인 통증 관리와 정서적 지지를 받을 수 있고 죽음 준비도 더 잘할 수 있어서 더 나은 삶의 마지막을 맞이할 수 있다. 가족 또한 사회적 지원을 받아 환자와 친밀하고 진실한 대화를 나누면서 인생 여정의 끝까지 잘 준비할 수 있다.

죽음에 관한 대화는 죽으면 소멸할 뿐이라는 생각에서 벗어나 그동안 함께한 사람들의 삶 속에서 이어질 것이며 삶의 완성으로 기억되리라는 사실을 깨닫게 해준다. 죽음을 생각하면 자신의 삶을 평가하고 반성할 기회가 생긴다. 삶의 가치를 높이고 죽음을 넘어선 희망도 볼 수 있다.

누구도 죽고 싶어 하지 않는다. 죽음의 필연성을 자각한 사람이더라도 내 부모님이 죽음을 마주하면 부정하고만 싶어진다. 하지만 인생의 마지막을 위한 대화는 반드시 한 번은 해야 한다. 문제는 어떻게 하느냐일 것이다. 죽음 이야기를 꺼내는 것은 가족에게 무척 힘든 일이다. 일상생활에서 죽음에 대한 이야기를 하려면 상당한 용기와 지혜가 필요하다. 그러기 위해서는 분위기를 만드는 것이 우선이다. 비교적 자연스러운 방법은 가족사진을 함께 보는 것이다. 즐겁고 행복했던 순간, 좋은 기억들로 가득한 사진을 보며 삶에 관한 이야기를 먼저 한다. 그런 뒤 기회를 봐서 최근에 세상을 떠난 친척이나 친구 이야기를 꺼낸다. 얽힌 추억도 떠올리고, 어떤 병이 앓았는지, 어떻게 돌아가셨는지 대화하다 보면 임종의료에 대한 생각을 여쭐 수 있게 된다.

그러면서 자연스럽게 죽음 이야기로 이어갈 수 있다. 그때가 되면 어떻게 하고 싶은지 의견을 구하고, 원하는 치료와 원하지 않는 치료에 대해서도 잘 새겨둔다. 그리고 그때가 오기 전에 보고 싶은 사람들과 가보고 싶은 곳들도 잘 기억해둔다. 이런 대화를 미리 해두면 그날이 올 때 진실을 감추지 않고 허심탄회하게 환자와 상의할 수 있다. 다만 이때 어느 정도까지 이야기하고 싶어 하는지를 알아서 조심스럽게 그 정도를 조절해야 한다. 아직 준비가 되지 않은 것 같다면 억지로 분위기를 몰아가지 말고 다음 기회로 미루자. 하지만 너무 늦추면 기회를 놓친다는 점도 염두에 둬야 한다.

우리나라 국민이라면 누구나 현행법에 따라 등록기관에서 사전연명의료의향서 작성에 대한 설명을 들을 수 있다. 자연스럽게 죽음에 대한 생각도 나눌 수 있다. 이때 가족이 함께하면 좋다. 사전연명의료의향서 등록기관에는 지역 보건의료기관, 의료기관, 사전연명의료의향서에 관한 사업을 수행하는 비영리법인과 단체 및 공공기관이 있다. 2019년 9월, 더불어민주당 인재근 의원이 등록기관을 노인복지관으로 확대하는 법안을 발의한 바 있다. 노인복지관도 시설 및 인력 등의 요건을 갖추면 사전연명의료의향서 등록기관으로 지정할 수 있도록 하는 법안이었다. 노인 세대의 사전연명의료의향서에 대한 접근성을 높이려는 좋은 시도였고 반드시 입법화돼야 했지만 안타깝게도 20대 국회가 막을 내리면서 폐기됐다. 하지만 인재근 의원이 지난 7월 다시 개정 법률안을 대표 발의했다. 이번에는 꼭 국회에서 통과하기를 기대한다.

| 죽음을 말할 수 있는 세 번의 기회 |

비단 가족의 문제가 아니라 사회적 차원에서 개인의 건강과 죽음에 관한 대화를 보다 편안하게 이야기할 수 있는 제도적 지원이 필요하다. 죽음을 말하기 편한 곳은 아무래도 의료기관이다. 국민 누구나 언제든지 의료기관을 찾아 죽음에 대한 생각을 나눌 수 있어야 한다.

모든 국민에게 죽음을 말할 수 있는 세 번의 기회를 자연스럽게 제공할 수 있는 방안을 검토할 필요가 있다. 첫 번째는 건강할 때, 두 번째는 중증질환 진단 시, 세 번째는 말기 진단 시 죽음을 이야기할 수 있도록 정책을 마련하는 것이다. 건강보험에서 급여화하면 얼마든지 가능한 정책이다. 좀 더 자세히 살펴보자.

우선은 건강검진에 사전연명의료의향서에 관한 상담 의향을 물을 수 있도록 하는 것이다. 그러면 건강할 때 죽음에 관한 생각을 나눌 수 있다. 국민건강보험 건강검진을 수행하는 모든 의료기관을 등록기관으로 지정하면 된다. 병원에서 활용할 교육자료도 만들고 표준화된 진료지침도 마련한다. 그리고 의사를 포함한 의료진에게 죽음에 대한 의사소통 교육 프로그램을 제공한다.

다음은 암 진단을 받거나 심장질환 또는 뇌질환 등 중증질환으로 입원하는 경우다. 치료를 받으면서 다시 건강해지기를 바라는 상황인데, 만약의 경우를 대비해 죽음에 관해서 대화를 시도할 기회가 될 수 있다. 살기 위한 최선의 치료가 진행될 때 죽음에 대해 말하는 것은 잘못일까? 말하지 않다가 혹시라도 너무 늦어지면 자신의 희망을 표현할 기회조차 상실할 수 있다.

치료가 불가능한 시점에 대비해 어떤 결정을 해야 하는지 미리 생각해보게 하는 역할은 담당 의사가 적임이다. 의료윤리적 측면에서도 환자에게 진실을 알려야 할 의무가 있다. 이때도 가족이 함께하는 게 좋다. 시작은 불편할 수 있지만, 대화를 끝내고 나면 오히려 편안해진다. 환자를 위해서 무엇이 최선인지 알게 되고 의료진과 함께 협조해 환자가 남은 시간을 의미 있게 계획할 수 있도록 할 수 있다. 암 환자들을 대상으로 사전 돌봄 계획을 영상과 책자로 구성해 임상시험을 한 적이 있다. 임종의료를 바라보는 환자들의 태도에 긍정적인 효과가 있었고 불안이나 우울증이 악화하지도 않았다. 이 또한 최상을 희망하되 최악을 대비하기 위한 의지의 문제다.

더는 치료 효과를 기대할 수 없을 때, 삶이 수개월밖에 남지 않았다는 말기 진단만이 남았을 때, 죽음에 관한 대화를 나눌 세 번째이자 마지막 기회가 될 수 있다. 절대로 놓쳐서는 안 되는 기회다. 용서하고 화해하고 감사와 사랑을 표현할 수 있는 마지막 기회다. 가능한 한 빠를수록 좋다. 치료 중단이 환자를 포기하는 것은 아니며, 인간적인 돌봄과 호스피스는 계속해야 한다. 이 상황에서도 의료진이 환자에게 기회를 주지 않으면 윤리적 책임을 넘어 법적 문제가 되게 해야 한다.

더구나 삶이 수개월밖에 남지 않은 상황에서 호스피스를 선택하고 이용할 기회를 주지 않는다면 그 책임을 정부에도 물어야 한다. 스스로 남은 인생을 정리하고 삶을 완성하고 싶은 국민의 희망을 박탈하는 셈이다. 죽음의 질이 향상되기 위해서는 전문가뿐 아니라 정부 차원의 공론이 있어야 한다. 우리나라에서 웰다잉은 아직도 멀었다. 국민에게 죽음의 현실과 진실을 정확히 알리고 국민적 인식을 전환하기 위한 범국민적 캠페인과 교육도 절실히 필요하다.

나는 이미 사전돌봄계획 상담의 적정 수가에 관해 설문 조사를 진행했다. 국민 59%가 약 10만 원, 의사 65%가 약 20만 원이 적당하다고 응답했다. 1회에 30분, 약 10만 원의 수가를 적용해볼 만하다. 건강할 때, 중증질환 진단 시, 말기 진단 시, 이렇게 세 번을 해도 30만 원이다. 무의미한 연명의료가 줄어들고 호스피스 이용이 늘어서, 의료비는 절감되고 죽음의 질이 올라갈 것이다.

| 우여곡절 끝에 통과된 연명의료결정법 |

연명의료결정법, 즉 '호스피스·완화의료 및 임종 과정에 있는 환자의 연명의료결정에 관한 법률' 통과는 기적과 같은 일이었다. 발의된 4,890개의 수많은 법안 가운데 하나인 연명의료결정법이 드디어 국회를 통과해 법제화된 것이다. 만약 그때 통과되지 못했다면 지금도 연명의료 중단은 요원한 일이고, 수많은 임종 환자들이 인공호흡기에 의존하거나 무의미한 심폐소생술로 삶의

나는 품위 있게 죽고 싶다

마지막 순간을 비참하게 맞이해야 했을 것이다.

　수많은 사람이 말한다. 그렇게 죽고 싶지는 않다고. 연명의료결정법은 1998년 처음 논의된 이래 무려 18년이 지난 2016년에야 통과됐고, 2018년 논의 시작 20년 만에 시행돼 임종 환자가 고문과도 같은 연명의료를 하지 않고 죽음을 맞이할 수 있게 됐다. 우리 국민에게 아름다운 마무리의 기회를 가져다준 법이니 기적과도 같다고 표현한 것이다.

　2014년 11월 27일 나는 새누리당 박인숙 의원 등 19대 국회의원이 공동으로 주최한 바이오 산업 포럼에서 "한국인의 죽음 현황과 웰다잉을 위한 공동체적 노력"을 주제로 발표했다. 박인숙 의원과 함께 새정치민주연합 원혜영, 오제세, 무소속 강길부, 새누리당 박맹우, 황인자 의원과 김명자 전 환경부 장관이 참석해 열띤 토론을 펼쳤다.

　토론이 끝난 후 원혜영 의원이 나를 의원실로 초대했다. 함께 차를 마시던 중 2015년 주요 법안으로 정해 통과시키자면서, 자신은 국회에서 모임을 만들 테니 시민단체를 만들어 함께 추진하자고 제안했다. 나는 곧바로 찬성했고 그 즉시 원혜영 의원은 '웰다잉 문화 조성을 위한 국회의원 모임'을 만들었다. 2015년 3월 19일 창립식에 34명의 여야 의원들이 참석했으며, 원혜영 의원과 새누리당 정갑윤 의원이 공동대표를, 새누리당 김세연 의원이 추진위원장을 맡았다.

두 달 전인 2015년 1월 나는 '웰다잉 전도사'로 알려진 최철주 전 〈중앙일보〉 고문에게 포럼에서의 일과 원혜영 의원의 제안에 관해 조언을 구했다. "어느 분을 시민단체 대표로 모시면 좋겠습니까"라는 내 질문에 그는 김명자 전 환경부 장관이 어떻겠느냐며 바로 전화를 걸어 의사를 타진했고 수락을 얻어냈다. 그렇지 않아도 포럼에서 김명자 전 장관은 시민단체의 중요성을 강조했었다.

그렇게 나는 김명자 전 장관과 함께 '호스피스국민본부' 발기인대회를 준비했다. 우리는 20여 명의 실무위원회와 22명의 호스피스국민본부 준비모임을 구성해 국회에서 발기인대회를 열기로 결정하고 개인과 단체를 포함한 발기인을 모집했다. 트리니티컴즈의 김소현 대표가 사회공헌 차원에서 무료로 행사 기획을 맡기로 했고, KBS 양영은 기자가 재능 기부로 사회를 맡았다. '호스피스국민본부 1,000⁺ 선언'도 준비해서 1,000명 이상의 서명을 받기로 했다.

그런데 채 한 달도 되기 전에 서명 인원이 4,000명을 넘어서 '10,000⁺ 선언'으로 바꿔야 했다. 2015년 3월 23일에 있을 발기인대회까지 이홍구 전 국무총리를 비롯한 대표발기인 81명, 발기인 1만 3,473명, 79개 단체가 참여했다. 새누리당 유승민 원내대표와 새정치민주연합 우윤근 원내대표도 발기인대회에 참석해서 축사를 통해 여야가 서로 이견이 없으며 적극적으로 입법을 추진하겠다며 힘을 실어줬다. 기적의 서막은 그렇게 시작됐다. 호스피스국민본부 선언문은 다음과 같았다.

- 국회는 호스피스 제도 도입과 함께 말기 환자 완화의료 등을 위한 법을 제정할 것을 촉구합니다.
- 정부는 웰다잉에 관한 범부처 5개년 종합계획을 수립하고, 그 성과를 점검하는 체계를 갖출 것을 촉구합니다.
- 시민사회는 국민적 '웰빙·웰다잉' 사회문화 운동에 의해 법적·제도적 기반 구축을 지원하고 적극 동참할 것입니다.

이후 '웰다잉 문화 조성을 위한 국회의원 모임'과 '호스피스국민본부'는 그동안 호스피스 활성화가 선행돼야 한다고 주장한 의료계와 종교계의 의견을 반영해 그해 4월 김세연 의원을 통해 이른바 '호스피스법' 제정안을 발의했다. 김세연 의원은 이미 2014년 4월에 '자연사법'을 제출한 상태였으며, 정부에서는 새누리당 김

재원 의원을 통해 '연명의료결정에 대한 법안' 발의를 준비하고 있었다.

결국 김재원 의원은 '호스피스국민본부'와 한국천주교가 주장했던 연명의료결정 법제화에 앞서 호스피스부터 활성화해야 한다는 입장을 받아들여 2015년 7월 9일 '호스피스·완화의료 이용 및 임종 과정 환자의 연명의료결정에 관한 법안'이라는 통합안을 절묘하게 발의했다. 이렇게 연명의료결정법 통과의 기반이 마련됐다. 그 사이 새누리당 신상진 의원도 이른바 '존엄사법'을 발의했다.

하지만 순조롭게 진행되지는 못했다. 법안 논의 과정에서 첨예한 대립이 있었다. 정부와 전문가 그리고 종교계가 호스피스 법률안과 연명의료결정에 관한 법률안을 함께 논의하기 시작했지만 바라보는 관점이 너무 달랐다. 그래도 서로의 선의를 믿고 있었고, 모두에게 수용 가능한 절충안이 가능하다는 큰 그림은 있었다. 너무 입장이 다를 때는 함께 모여 싸우기보다는 의료계, 종교계, 정부 관계자들을 따로 만나 각각의 입장에서 받아들일 수 있는 내용이 무엇인지 이견을 조율해 수용 가능한 내용과 표현으로 바꿔서 다시 설명하고 확인하는 편이 바람직했다. 우리는 이 작업을 수차례 반복했다.

결국 합의안이 마련됐다. 이 법안에 선언적 의미만 남더라도 반드시 시작해야 한다는 절박함이 있었다. 더는 보낼 수 없을 정도로 문자 메시지를 보내 수많은 사람과 공유하며 도움을 구하고 초조하게 기다리는 시간이 지났다. 그러나 대토론회도 개최하고 국민적 공감대가 이뤄졌다는 대국민 조사 결과도 발표했지만, 관련 법안은 국회 보건복지위원회에 상정조차 되지 못했다. 이듬해인 2016년 4월에 총선이 있는 데다 19대 국회 마지막 회기여서 어려울 것이라며 아쉽지만 다음 국회를 기대해보자고 했다.

  나는 절망했다. 앞서 썼듯이 국회에서 법안에 대한 논의를 시작한 3월부터 어머니는 희귀난치성 폐출혈로 치료를 받고 계셨다. 4월에는 중환자실에 입원해 죽음의 고비를 간신히 넘기셨다. 그렇지만 재활치료를 받으며 겨우 회복하시던 중 재발해 결국 12월 초 세상을 떠나셨다.

  선산에 어머니를 묻던 날, 구름 사이로 태양이 만든 그림자가 마치 손으로 내게 무언가를 건네주는 느낌이 들었다. 삼우제를 마치고 돌아온 일요일에 보건복지부에서 전화가 왔다. 그토록 꼼짝도 안 하던 보건복지위 법안소위원회와 상임위원회가 호스피스와 연명의료법안만 단독으로 심의하기 위해 열린다는 소식이었다. 마침내 기적은 간절함으로 꽃을 피웠다. 그렇게 해서 관련 법안들이 심의됐고, 보건복지위원장인 더불어민주당 김춘진 의원에 의해 '호스피스·완화의료 및 임종 과정에 있는 환자의 연명의료결정에 관한 법안'으로 상임위를 통과했다.

사실 어머니의 투병과 임종을 지켜보는 8개월 동안 이 법을 기필코 통과시켜야 한다는 생각이 절실했었다. 그후로도 여러 우여곡절이 있었지만, 관계자들의 결단을 거쳐 드디어 2016년 1월 8일 국회 본회의에서 재석 의원 203명 중 202명 찬성이라는 압도적 지지를 받아 통과했다. 기적은 절망 속에서 열매를 맺었다. 나는 이 기적이 어머니가 세상을 떠나면서 주신 선물이라고 여기며 돌아가신 슬픔을 달랬다.

2019년 6월 말에는 정부가 '호스피스·연명의료 종합계획 (2019~2023)'을 발표했다. 이 발표에는 연명의료결정법에 따른 호스피스·연명의료 분야 최초의 법정 계획이라는 의미가 있었다. "국민의 존엄하고 편안한 생애 말기 보장"을 비전으로 내세우고 '호스피스 서비스 접근성 제고', '연명의료 자기결정 보장', '생애 말기 환자·가족 삶의 질 향상'이라는 세 가지 목표를 제시했다. 2019년 우리나라에서는 31만 명이 사망했고, 호스피스·연명의료 종합계획이 끝나는 2023년에는 35만 명의 사망이 예상되므로, 5년 동안 국민 166만 명이 죽거나 죽음에 직면하는 것이다. 한 사람의 죽음은 가까운 다섯 사람에게 심각한 영향을 미친다는 연구 결과가 있다. 830만 명 가족이 사랑하는 사람의 죽음에 따른 슬픔을 겪을 것이다.

유감스럽게도 나는 정부가 이들 166만 명 임종자와 830만 명 가족의 고통에 공감하고 그 고통을 최소화하기 위해 얼마나 절실히 준비할 것인지에 대해서는 의문을 품고 있다. 아무리 살펴봐도 위 정책 수혜자로 포함해야 할 이들에 대한 고민의 흔적이 보이지 않기 때문이다. 물론 첫술에 배부를 수 없음을 안다. 문제는 다른 데 있다. 이 정책에는 알맹이가 빠져 있다. 통계에 근거한 예측과 냉철한 판단도 필요하지만, 국민의 죽음을 바라보는 태도가 더욱 중요하다. 진즉 관련 법을 마련하지 못해 고통 속에서 죽어간 국민 한 사람 한 사람을 향한 진심 어린 죄송함과 이제라도 노력하겠다는 다짐을 보여주면 안 됐을까? 이 계획이 존엄한 죽음과 평안한 생애 말기를 보장하겠다는 것이라면 부족한 부분이 너무나 많다.

연명의료결정법이 국회 본회의를 통과했어도 호스피스는 1년 반 뒤, 연명의료 중단 등의 결정은 2년 뒤에 시행되도록 긴 유예 기간을 둔 까닭은 정부가 충분히 준비할 수 있게 하기 위함이었다. 호스피스를 6개월 먼저 시행하도록 한 것은 국내에 호스피스 인프라가 아직 부실하고 지역적 불균형이 심하기 때문이다. 그래서 중앙 호스피스센터와 권역별 호스피스센터에 대한 법적 근거를 만들고, 자문형과 가정형 호스피스 등 다양한 서비스를 제공하도록 법제화했다. 필요한 기관을 신설하기 위한 예산을 편성하게도 했다. 그런데 정부가 예산을 투입해 호스피스 전용 병동을 만들었다는 소식은 들은 적이 없다. 자문형·가정형은 여전히 시범사업에 머물고 있다. 말기 암 환자의 호스피스 서비스 이용률이 증가했다고 하나 22%에 불과하다. 후천성면역결핍증, 만성폐쇄성호흡기질환, 만성간경화증으로 인한 말기 환자도 대상자로 확대했지만, 2017년 기준 16명, 2018년 29명, 2019년 23명만이 이용했다. 호스피스 대상자 확대는 구호에 불과했다.

정부는 급사를 제외한 심혈관질환, 신부전, 만성호흡부전, 당뇨, 다발성 신경증, 파킨슨병, 알츠하이머, 치매, 류머티즘 관절염, 약제 저항 결핵 등 세계보건기구(WHO)가 제시한 호스피스 대상 질환까지 확대하겠다고 약속했다. 호스피스 대상 환자 서비스 이용률을 30%까지 끌어올리겠다는 목표도 제시했다. 대상 질환 확대와 예상되는 사망자 급증에 따른 수요는 어떻게 감당할지 심히 우려된다. 천천히 할 사안이 아니다. 더 많은 국민에게 더 깊이 있는 돌봄 서비스를 더 빨리 제공해야 한다. 하루 평균 850명

나는 품위 있게 죽고 싶다

의 국민이 죽음에 이른다. 게다가 존엄한 죽음은 정부가 목표로 한 일부 국민이 아닌 모든 국민이 누려야 한다. 말기 환자 호스피스 전문기관 지원사업 국고보조금이 1년에 30~40억 원에 불과한 것만 봐도 정부의 의지가 어느 정도인지 알 수 있다. 보여주기식 정책으로 넘어갈 일이 아니다. 결국 예산이다. 예산을 더 확보해야 한다.

사망 시점에 가까울수록 CT·MRI·PET 검사, 중환자실 이용, 인공호흡기 착용, 심폐소생술 등 불필요하고 임종 기간만 연장하는 연명의료가 급격히 증가한다. 전체 암 환자의 사망 전 1년 의료비의 50%는 사망 전 3개월 동안 지출되며, 사망 전 1개월 의료비는 사망 전 1년 의료비 월평균의 무려 2.5배다. 무의미한 의료 행위를 지양하는 대신 고통 완화와 돌봄 등 적절한 호스피스 서비스를 제공함으로써 합리적인 의료비 지출로 바뀌어야 한다.

미국의 경우 임종 전 1개월 동안 46%의 의료비가 절감됐으며, 대만은 64%가 줄었다. 물론 질병의 종류에 따라 다를 수 있다. 하지만 적어도 정부가 지역적 불균형을 고려해 수요를 예측하고 선제적으로 투자해 호스피스기관을 신설하거나 유휴 병상을 리모델링해 공급할 필요가 있다. 더 많은 말기 환자들의 존엄한 죽음을 보장하고 가족들에게 사별의 아픔을 덜어줄 수 있을 것이다.

의료비도 절감된다. 2018년 건강보험심사평가원(이하 심평원)의 입원형 호스피스 완화의료 사업 효과 분석 보고서에 따르면 일반 병동보다 호스피스를 이용한 환자들의 의료비가 6개월 동안 520만 원 적게 지출됐다. 1년 사망자 30만 명 중 10%인 3만 명만 이용해도 1,560억 원, 암 사망자 8만 명 중 20%인 1만 6,000명만 호스피스를 이용해도 832억 원이 절감된다.

이에 대해 나는 호스피스 법안을 마련할 당시 연구팀을 구성해 국민건강보험공단, 심평원, 국립암센터 자료 등을 취합한 뒤 향후 5년간 호스피스 대상자의 병상 수요를 예측하고 공급방안을 마련해 필요한 재정을 계산했다. 나는 확신한다. 이 절감된 의료비를 존엄한 죽음을 위한 시설과 프로그램 그리고 인력에 선제적으로 투자한다면 우리나라 국민의 죽음의 질이 한층 높아질 것이다. 그러나 현재 호스피스 관련 정부 예산은 절감되는 의료비의 10분의 1도 되지 않을 정도로 턱없이 부족하다.

종합계획은 발표를 위한 발표가 아닌, 국민의 피부에 와닿도록 직접적 혜택을 줄 수 있도록 시행해야 한다. 정부와 유관 부처 관계자들은 종합계획을 재검토해 호스피스 인프라 확대를 위한 실질적 정책으로 보완해야 한다. 기적이 정부 정책과 예산으로 완성되도록 국민의 죽음을 슬퍼할 줄 아는 진정한 지도자들이 힘을 실어주기를 바란다. 그래야 힘들게 살아온 환자와 가족들이 죽음과 절망을 넘어 떠나는 자와 살아남은 자 모두가 함께 희망으로 살아가는 또 다른 기적이 일어날 수 있기 때문이다. 국민의 웰다잉에 지대한 관심을 두고 적극적으로 검토하기를 희망한다.

연명의료결정법이 시행된 지 4년이 지난 시점에서 현재 시행되는 호스피스 및 연명의료결정 행태를 보면 우리가 이러려고 그토록 힘들게 법을 세웠나 하는 자괴감이 든다. 정부가 추진하는 호스피스 및 연명의료결정 사업은 애써 좋게 보려 해도 생색내기에 불과하며 무척이나 부실하다. 19대 국회가 끝난다는 강박감에 시간에 쫓겨 지금의 연명의료결정법에 합의했던 그때가 후회스럽기까지 하다. 이미 내 손을 떠난 지 오래지만, 당시에 더 강화된 법안을 밀어붙이지 못하고 끝까지 버티지 못한 책임을 통감한다. 자기결정권 무시, 심폐소생술 등 임종 과정 실태, 취약한 호스피스와 같은 심각한 문제가 감춰져 있었다. 들춰낸들 지금 와서 무슨 소용이 있을까. 또다시 기적의 때를 준비하고 기다리는 수밖에 없을 것이다.

제4장

좋은 죽음 그리고 의미 있는 삶

음식을 먹을 때 중요하게 여기는 다섯 가지가 요소가 있다.

첫째는 '양(量)'이다. 가난하고 배고픈 시절에는 음식의 양이 중요했다. 맛을 생각할 여지는 없었다. 그저 주린 배를 채워줄 수 있으면 그만이었다.

둘째는 '맛(味)'이다. 이제는 배가 고파서 음식을 먹기보다는 맛있는 음식을 먹기 위해 먼길도 마다하지 않는다.

셋째는 '질(質)'이다. 아무리 양이 많고 맛있더라도 건강에 해로우면 피한다. 건강을 잃으면 모든 것을 잃으므로 몸에 좋은 음식을 골라 먹는다. 나이가 들면 더욱 그렇게 된다.

나는 품위 있게 죽고 싶다

넷째는 '미(美)'다. 음식점에서 예쁘게 보이는 음식을 스마트폰으로 찍은 뒤 SNS에 올려 다른 사람들과 공유한다. 양은 적어도 예쁘면 맛도 있어 보인다. 맛도 좋고 몸에도 좋고 예쁘기까지 하면 금상첨화다.

다섯째는 '멋(麗)'이다. 멋진 곳에서 멋진 사람들과 멋진 분위기에서 멋진 음악을 들으며 음식을 먹으면 행복하다. 정갈하고 깨끗하고 잘 꾸며진 곳에서 먹으면 맛도 있고 정신 건강에도 좋다. 또 같은 음식이라도 그 음식에 어울리는 고유한 분위기 속에서 먹으면 더 좋다. 그래서 우리나라에서도 얼마든지 맛있고 예쁜 음식을 먹을 수 있지만, 굳이 멀리 비싼 돈을 들여 비행기를 타고 멋진 음식점을 찾는다. 양도 적당하고 맛도 좋고 건강에도 좋으며 예쁜 음식을 멋진 곳에서 멋진 사람들과 즐기는 모습을 떠올려보자. 생각만 해도 기분 좋다.

우리 인생도 음식의 다섯 가지 주요 요소와 비교해볼 수 있을 것이다. 신체적으로 오래 사는 것은 '양'이고, 사회적으로 재미있게 사는 것은 '맛'이며, 정신적으로 건강하게 사는 것은 '질'이고, 영적으로 아름답게 사는 것은 '미'이며. 신체적·사회적·정신적·영적으로 조화롭게 사는 것은 '멋'이다.

적당한 세월 동안 좋은 사람들과 어울려 건강하게 살다가 아름답게 마무리할 수 있다면 의미 있고 멋진 인생이라 할 수 있을 것이다. 아름다운 죽음이나 멋진 죽음이 어디 있느냐고 말하는 사람들이 있다. 그렇다면 모든 인간은 추하고 불행하게 죽는가? 그렇지 않다. 살아온 삶을 잘 정리하고 겸허히 세상과 작별을 고하는 것만으로도 충분히 아름답고 멋진 죽음이다. 누구나 그러기를 바라지 않을까? 그러니 모두가 그런 죽음을 꿈꿀 수 있는 세상을 만들어야 하지 않을까?

| 잘 죽고 싶은 것도 인간의 욕망 |

심리학자 에이브러햄 매슬로는 인간의 욕구를 다섯 단계로 나눠 설명했다. '생존─안전─소속─인정─자아실현'이 그것이다. 먹고 자고 입는 등의 '생존' 욕구와 추위 및 질병으로부터 스스로를 보호하려는 '안전' 욕구는 인간의 생물학적 욕구이며, 친구를 사귀고 가정을 이루고 소속감을 느끼고 싶은 '소속' 욕구는 사회적 욕구라고 할 수 있다. 이 셋은 모두 '결핍'에 대한 욕구다. 한마디로 따뜻한 집에서 배불리 먹고 가족과 오순도순 살면서 사회생활도 잘하고 싶은 욕구다. 트리나 폴러스의 《꽃들에게 희망을》에서 애벌레들로 만들어진 탑을 기어 올라가는 애벌레들처럼, 리처드 바크의 《갈매기의 꿈》에서 벌레를 잡아먹고자 날아다니는 여느 갈매기처럼, 진정한 자신의 가능성에 도전하거나 꿈을 갖고 살기보다는 그저 살기 위해 살아가는 단계다.

하지만 인간은 여기에서 만족하지 않는다. 먹고, 쉬고, 만나고, 인정받으며 살았으나 자신의 욕구가 수단인지 목적인지 모르고 살아왔다면 그 삶은 무엇을 위한 삶일까? 소유보다 존재이고 싶어 하는 사람이라면 무언가 의미 있고 가치 있는 것을 꿈꾸게 마련이다. 삶에서 목표를 두고 그것에 매진한다. 남들에게 인정받고 싶은 '인정' 욕구와 자신을 완성하고 싶은 '자아실현' 욕구는 스스로 동기를 부여해 '성장'하려는 욕구다. 특히 '자아실현' 욕구는 인간 욕구의 정점이다.

그런데 여기에 한 가지 욕구를 더 추가할 필요가 있다. 다름 아닌 '기여' 욕구다. 세상에 이바지하는 인간, 자신의 삶을 나눠주는 존재야말로 인간으로서 이룰 수 있는 가장 높은 단계가 아닐까? 내가 생각하기에 최고의 인생이란 죽는 그 순간까지 자신의 시간을 타인에게 나눠주는 것이다. 나는 그 나눔이 어떤 의미를 갖느냐에 따라 삶의 가치가 달라지며 소유의 삶인지 존재의 삶인지가 결정된다고 믿는다.

'의미'의 사전적 정의는 "말이나 글의 뜻", "행위나 현상이 지닌 뜻"이다. 그리고 의미는 학습한 정보에 따라 해석하도록 훈련된 우리 뇌의 판단으로 부여된다고 할 수 있다. 예를 들어 숫자 '8'은 동그라미 2개가 붙어 있는 모양이지만, '여덟'이라고 학습한 정보에 따라 우리는 이를 '팔'이라고 읽는다. 눈으로 감지한 정보는 신경회로를 통해 뇌 후두부로 전달되며, 우리는 본능에 따라 이에 반응하거나 과거에 수집한 지식, 기억, 감정, 경험 등의 종합적 사고로 판단하고 선택해 행동하게 된다. 이 과정에서 '의미'가 부여된다. 따라서 의미란 '객관적 현상과 주관적 해석의 결합'이라고 할 수 있다. 내가 선택하고 의미를 부여하지 않으면 기억되지 않고 존재하지 않는 것이 된다. 내가 관심 두지 않으면 볼 수 없고 해석할 수 없으니 정보도 없다. 정보가 없으니 판단하지도 행동하지도 못한다. 삶과 죽음에 관심을 갖고 의미를 부여하지 않으면 삶도 없고 죽음도 없다. 삶과 죽음에 대한 좋은 추억과 나쁜 기억은 거기에 어떤 의미를 부여하느냐에 따라 달라진다.

《생각에 관한 생각》에서 대니얼 카너먼은 인간의 사고체계를 시스템 1과 시스템 2로 구분해 설명했다. 시스템 1은 '빠른 직관'이다. 본능과 오랜 학습을 통해 형성된 사고체계로 직관적이고 신속하게 반응한다. 생존 위협을 받는 경우 즉각적으로 회피하며 대응한다. 시스템 2는 '느린 이성'이다. 다양한 정보와 경험에 비추어 종합적으로 판단하고 결정한다. 복잡한 문제에 대해 천천히 생각하고 결정하며 판단을 미루기도 한다. 운전을 처음 할 때는 시스템 2에 따라 판단하고 결정하고 행동하는데, 상당히 느리고 반복된 학습이 필요하다. 하지만 수개월 이상 운전하게 되면 상황에 자동으로 반응하면서 핸들을 돌리고 브레이크나 액셀러레이터를 밟는다.

눈앞에 원뿔이 있다고 상상해보자. 밑에서 보면 동그라미인데 옆에서 보면 세모로 보인다. 밑에서만 본 사람은 동그라미라고 할 것이고 옆에서만 본 사람은 세모라고 할 것이다. 누가 맞고 누가 틀릴까? 둘 다 맞기도 하고 둘 다 틀리기도 할 것이다. 관점에 따라 사물은 다르게 보인다. 현상도 다르게 보인다. 삶도 다르게 보인다. 관점을 바꿔서 보려고 노력하면 다른 측면을 볼 수 있다. 생각과 행동에 따라 달리 볼 수 있는 여지가 생기는 것이다.

안데르센의 동화 《미운 오리 새끼》를 모르는 사람은 없을 것이다. 출간된 대부분의 《미운 오리 새끼》 표지 그림을 보면 '미운 오리 새끼'가 떠오르지 '백조 새끼'가 떠오르지는 않을 것이다. '맞아, 백조 새끼였지' 하는 생각을 하고 보더라도 '백조'처럼 보이지는 않는다. '새끼' 그림이라서 그렇다. 동화의 내용에서도 오리 관점에서 보면 그저 못생긴 '미운 오리 새끼'일 뿐이다. 이 '백조 새끼'도 자기가 훗날 '백조'로 성장한다는 사실을 모르고 지낸다. 보려고 하지 않으면 보이지 않는 법이다.

똑같은 정보라도 보는 관점과 입장에 따라 다르게 해석할 수 있다. 어떻게 보느냐에 따라 모든 게 달라진다. 새뮤얼 스마일스가 《자조론》에서 "생각을 바꾸면 행동이 바뀌고, 행동을 바꾸면 습관이 바뀌고, 습관을 바꾸면 성격이 바뀌고, 성격을 바꾸면 운명이 바뀐다"고 말했듯이, 삶과 죽음을 보는 관점에 따라 생각이 달라지고, 행동이 달라지며, 운명이 달라진다. 6조 원에 달하는 재산을 마다하고 구도자의 길을 택한 승려의 이야기가 화제가 된 적이 있다. 말레이시아의 대부호 아난다 크리슈난의 외아들인 벤 아잔 시리파뇨는 열여덟 살 때부터 지금까지 20년 넘도록 승려로서 구도자의 삶을 살아가고 있다. 부친의 재산이 6조 3,500억 원대로 추정되는데, 그 재산을 뒤로하고 승려의 길을 선택한 것이다. 어떻게 그럴 수 있을까? 삶을 바라보는 관점이 다르기 때문이다. 그에게는 부유한 삶보다 영적인 삶이 더 가치 있는 것이다. "돈을 잃으면 조금 잃은 것이고, 친구를 잃으면 많이 잃은 것이고, 건강을 잃으면 모두 잃는 것"이라는 말이 있다. 나는 여기에 덧붙여 "삶의 의미를 찾으면 모두를 가진 것"이라고 말하고 싶다.

나는 품위 있게 죽고 싶다

│ 죽음이 삶에 미치는 영향 │

지나온 내 삶을 돌이켜보건대 큰 누님의 죽음이 없었다면 의사가 아닌 다른 직업을 선택했을 것 같다. 고등학교 2학년 때 이과가 아닌 문과를 선택했더라면 아버지가 바라시던 법조인이 됐을까? 지난 삶이라 장담할 수는 없지만, 한 가지 확실한 사실은 분명히 다른 생각과 경험을 했을 것이며 성격과 운명이 달라졌을 것이라는 점이다.

앞서 무덤에서 찍은 사진 이야기를 했는데, 혹시 내가 죽음과 관련한 일을 하게 되리라는 일종의 계시가 아니었나 하는 생각을 했다. 물론 그때 왜 그랬는지 이유는 알 수 없다. 하지만 내가 그렇게 의미를 부여하면 의미가 생긴다고 생각했다. 의미를 부여하니 연결 고리가 생겼다. 본과 4학년 때부터 말기 환자 병실을 돌보는 봉사 활동을 시작했고, 의사가 되자마자 말기 환자를 진료하면서 죽음에 대해 연구하고 웰다잉 정책을 제안했다.

내가 왜 그토록 죽음 문제에 집착했는지 스스로 의미를 부여한 것이다. 억지일 수도 있다. 아니, 억지가 맞을 것이다. 무덤 앞에서 사진을 찍은 어린 시절과 죽음에 관한 책을 쓰는 지금과는 전혀 관련성이 없다. 다 지나고 나서야 어릴 적 무덤에서 찍은 사진을 보고는 '아, 나는 이때부터 죽음에 대해 이야기하는 의사가 될 운명을 갖게 됐구나' 하고 내 마음대로 해석했다. 한 살 때 큰 화상을 입어 지금도 다리에 흉터가 남아 있다는 이야기도 했다. 물에 빠져 죽을 뻔한 이야기도 했다. 고등학교 때는 자취방에서 혼자 잠든 사이에 욕실 창문으로 도둑이 들어 돈과 물건을 훔쳐 간 적이 있다. 나는 전혀 모른 채 잠들어 있었고, 아침에 일어나 보니 부엌 식칼이 놓여 있었다. 그때의 끔찍한 기억이 지금도 또렷하다. 죽음을 피해 지금까지 살아있는 것만으로도 행운이고 감사한 마음이다. 이런 경험들이 계속해서 나로 하여금 죽음을 생각하게 했고 의미를 부여하게 만들었다. 아무것도 아니라고 생각하면 아무것도 아니지만, 의미를 부여하면 의미 있는 것이 된다.

큰 누님은 스물네 살에 암으로 돌아가셨다. 남동생도 20대 때 뺑소니 교통사고로 죽었다. 언젠가 반드시 내 차례가 올 것이다. 먼저 떠난 누님과 동생의 삶과 죽음이 실제로 내 삶에 영향을 미쳤는지 아닌지와 상관없이 나는 그들의 삶을 내 삶으로 이어받아 산다고 여긴다. 나아가 내 삶이 끝나면 누군가 이어가며 살기를 바란다. 모든 것이 생각하기 나름이지만, 나는 삶과 죽음이 갖는 역설적 희망을 본다. 지금부터라도 죽음을 준비하면 삶의 완성으로 승화할 수 있다는 희망으로 죽음을 바라보면 삶은 달라진다.

나는 품위 있게 죽고 싶다

몇 해 전 오스트리아 비엔나를 방문했을 때 빅터 프랭클의 묘지를 일부러 찾아가 비석 옆에서 사진을 찍었다. 빅터 프랭클은《죽음의 수용소에서》와《삶의 의미를 찾아서》등의 저서를 통해 내게 삶의 의미가 무엇인지 가르쳐준 고마운 존재다. 그는 내 삶에 지대한 영향을 미쳤다. 오스트리아 중앙묘지에는 베토벤, 슈베르트, 요한 슈트라우스의 무덤도 있었는데, 나는 이들 위대한 음악가보다는 빅터 프랭클에게 더 큰 의미를 두었다.

거대한 공간과 무한한 시간의 우주에서 과연 나는 어떤 존재일까? 너무나도 작고 약한 존재다. 내 발밑으로 지나가는 개미와 비교하듯 우주와 나를 비교하면, 나는 하염없이 하찮고 비참하기까지 한 존재다. 그렇지만 "인간은 생각하는 존재이며, 그 비참함을 알기에 위대하다"고 한 파스칼의 말에서 조금은 위안을 얻는다.

우리 몸 혈관 속에는 적혈구와 백혈구가 있다. 적혈구는 세포에 필요한 산소를 운반하는 역할을 한다. 혈액 1세제곱밀리미터당 약 500만 개의 적혈구가 있으며 120일을 생존한다. 적혈구는 폐로 들어온 산소 분자를 세포에 운반하는 데 용이하도록 도넛 모양으로 생겼고, 적혈구 하나마다 헤모글로빈이 중량의 95%를 차지한다. 적혈구는 세포핵마저 퇴화해 없다. 적혈구는 골수에서 혈관으로 이동할 때 핵심 기관인 핵이 소멸하는 대신 헤모글로빈이 비중을 95%나 차지하는 대변신을 한다. 공 모양보다 표면이 넓어 가스 교환 효율이 높아지고, 삼투압 변화나 외부 충격에 저항력을 갖게 되며, 막도 유연해져 적혈구 지름보다 좁은 모세 혈관도 쉽게 통과할 수 있다. 그야말로 온몸을 산소를 운반하는 데 최적화함으로써 다른 세포를 위해 자신의 것들을 포기하고 희생한다.

백혈구는 외부에서 들어온 미생물 및 세균과의 전투를 담당한다. 혈액 1세제곱밀리미터당 약 5,000~1만 개의 백혈구가 있다. 백혈구가 직접 세균을 포식하기도 하지만, 항체를 형성해 공격하기도 한다. 전쟁터에서 병사들이 죽어가듯 백혈구 역시 몇 시간에서 며칠밖에 살지 못한다. 이렇듯 우리 몸의 일부이자 대단히 소중하고 필수적인 존재인데도 평소 우리는 이를 전혀 의식하지 못하며 산다. 숨이 가쁘거나 열이 나는 등 건강에 문제가 생겼을 때라야 이들의 존재를 인지한다. 코로나19 팬데믹은 우리에게 백혈구에 의한 면역이 얼마나 절실한지를 깨닫게 했다.

인간을 우주와 비교하면 우리 몸을 구성하는 세포처럼 미미하고 무의미한 존재로 보인다. 그러나 비록 우리가 인지하지 못하고 이름도 지어준 적 없는 적혈구와 백혈구일지라도 우리의 건강을 유지하는 데 반드시 필요하고 의미 있는 존재이듯이, 우리 모두도 이 세상을 유지하는 데 꼭 필요하고 의미 있는 존재다. 강조

나는 품위 있게 죽고 싶다

컨대 세상을 바라보는 관점이 매우 중요하다. 관점의 차이가 인생의 차이로 나타나기 때문이다.

| 의미 있는 삶을 위해 |

《갈매기의 꿈》에서 주인공 갈매기 조너선 리빙스턴은 무리를 이탈해 빨리 나는 연습을 한다. 조너선은 빨리 날기 위해 하늘 높은 곳까지 날아올랐다가 바다를 향해 쏜살같이 강하한다. 하지만 날개 각도를 바꾸려는 순간 이미 걷잡을 수 없는 속도로 인해 바닷물 속에 처박힌다. 주변 다른 갈매기들에게는 쓸데없이 추락을 반복하는 미친 짓처럼 보인다. 결국 조너선은 갈매기 무리에서 쫓겨나 고독하게 살게 되지만, 정작 슬픈 것은 자신이 발견한 초월적 비행을 아무도 믿지 않는다는 사실이었다. 이는 삶의 의미와 삶의 더 높은 목적을 찾는 꿈을 함께할 수 없다는 의미였다.

2004년 아테네 올림픽 때 예레나 이신바예바라는 러시아 장대높이뛰기 선수가 있었다. 당시 그녀는 올림픽 신기록을 세우며 금메달을 목에 걸었다. 그날을 위해 수년 동안 굉장한 연습을 했을 것이다. 그런데 장대높이뛰기가 우리에게는 어떤 의미가 있을까? 우리는 그 많은 시간을 장대높이뛰기에 투자하지는 않을 것이다. 우리는 장대높이뛰기 선수가 아닐뿐더러 그것이 우리 삶에 가치가 없기 때문이다. 그렇지만 이신바예바 선수에게는 장대높이뛰기가 인생의 전부였을 수 있다.

그녀는 2008년 베이징 올림픽에서도 5미터 5센티미터라는 신기록을 세우고 금메달을 목에 걸었다. 그러나 이듬해인 2009년 베를린에서 열린 세계육상선수권대회에서는 순위에 들지 못하고 탈락했다.

하지만 열흘 뒤 경기에서 또다시 세계 신기록을 세우며 부활했다. 같은 해 스위스 취리히에서 열린 국제육상경기연맹 경기에서는 5미터 6센티미터를 뛰어넘으며 신기록을 경신했다. 2008년 베이징 올림픽에서 세운 자신의 기록을 1센티미터 차이로 갈아치운 것이다. 우리에게는 하찮게 보이는 '1센티미터'가 그녀에게는 엄청난 의미가 있는 것이다. 경기가 끝나고 기자들과 인터뷰에서 그녀는 이렇게 말했다.

"베를린에서 가장 큰 문제는 내 머릿속에 있었어요. 바로 집중력이었습니다. '누구도 실패할 수 있다'고 위로해주신 비탈리 페트로프 코치님에게 감사드립니다."

나는 그녀가 누구든 실패할 수 있다는 사실, 문제는 언제나 스스로에게 있다는 사실을 직시하며 매사에 최선을 다했기에 성공할 수 있었다고 생각한다. 이신바예바는 2012년 런던올림픽에 출전해 올림픽 3연패에 도전했으나 아쉽게도 그 꿈은 달성하지 못했다. 그런데 1년 뒤인 2013년 모스크바 세계육상선수권대회에서 또다시 금메달을 획득했다. 나는 그런 그녀의 모습에 깊은 감명을 받았다. 그녀는 내게 "실패와 위기는 성장의 기회이자 도전이며, 절대 포기하지 말고 더 높은 목표에 도전하라"는 교훈을 다시 한번 되새기게 해줬다.

《어린 왕자》는 '서로를 길들인다는 것', '관계를 맺어간다는 것'의 의미를 깨닫게 해준 책이었다. 서로 길들인 시간만큼 가까운 존재가 되고 의미 있는 존재가 된다는 사실, 똑같은 존재가 아닌 서로에게 오직 하나밖에 없는 존재가 된다는 사실을.

"길들인다는 게 뭐지?" 어린 왕자가 물었다.

"그건 너무 잘 잊히고 있는 거지. 그건 관계를 맺는다는 뜻이야." 여우가 말했다.

"관계를 만든다고."

"그래. 내게 넌 아직은 수많은 다른 아이들과 같은 아이일 뿐이야. 난 네가 필요하지 않고 너도 내가 필요하지 않아. 너에게 나는 수많은 다른 여우들과 같은 여우에 지나지 않으니까. 하지만 네가 나를 길들인다면 우리는 서로가 필요할 거야. 너는 나에게 이 세상에서 오직 하나밖에 없는 존재가 될 거야. 나는 너에게 오직 하나밖에 없는 존재가 될 거고."

서로를 길들이고 관계를 맺음은 언제라도 드나들 수 있는 문을 서로의 마음속에 열어둔다는 의미이기도 할 것이다. 죽는다고 해서 이 문이 닫힐까? 나는 죽음 역시 또 다른 길들임과 관계를 향한 문을 통과하는 것이라고 생각한다.

사랑하는 사람이 세상을 떠날 때, 비록 눈에는 사라진 것처럼 보일지라도 마음의 문을 늘 활짝 열어놓고 있다면 그 길들임과 관계는 계속 유지되는 것이다. 보이지 않더라도 내 마음속에 항상 살아있다는 사실을 받아들이면, 사는 동안 우리 주변의 소중한 사람들을 사랑하지 않고서는 견디지 못할 것이다. 사랑해야 하지만 사랑하지 못하고 있는 나 자신이 아프고 슬플 것이다. 그렇게 끊임없이 애쓰게 될 것이다. 나는 살면서 절대로 포기하지 말아야 할 것이 사랑이라고 믿는다.

| 죽음으로부터 삶을 바라보다 |

스페인 여행 때 빌바오 구겐하임 미술관을 둘러본 적이 있다. 한 전시관에 들어섰는데 작품이 거꾸로 매달려 있었다. 처음에는 잘못 걸려 있는 게 아닌가 생각했지만 정말 거꾸로 그린 그림이었다. 옆에 전시된 그림들도 똑같이 거꾸로 그려져 있었다.

알고 보니 '거꾸로 그린 그림'으로 유명한 게오르그 바젤리츠의 작품이었다. 흥미가 생겨 더 알아보니 우리나라에서도 2007년 국립현대미술관에서 전시한 적이 있었단다. 나는 이 그림을 통해 사람의 인생도 거꾸로 본다면 죽음에서부터 현재의 삶을 바라볼 수 있지 않을까 생각했다.

지금은 고인이 된 스티브 잡스는 스탠퍼드대학교 졸업식 연설에서 "죽음을 생각하는 것은 무엇을 잃을지도 모른다는 두려움에서 벗어나는 최고의 길"이라고 말한 바 있다. "인생의 중요한 순간마다 곧 죽을지도 모른다는 사실을 명심한다면 최고의 선택을 하게 될 것"이라고 했다. 그 역시 게오르그 바젤리츠의 거꾸로 그린 그림처럼 인생을 끝에서부터 거꾸로 봤다.

하루하루를 인생의 마지막 날처럼 산다면 언젠가 옳은 삶을 살고 있을 것입니다. "만약 오늘이 내 인생의 마지막 날이라면 지금 하려고 하는 일을 할 것인가?"라는 질문에 "아니오"라는 대답이 계속 나온다면 다른 것을 해야 한다는 것을 깨달았습니다. 내가 곧 죽을 것이라는 사실을 생각하는 것은 내가 인생에서 큰 결정을 내리는 데 도움을 준 가장 중요한 도구였습니다. 외부의 기대, 자부심, 좌절과 실패에 대한 두려움은 죽음 앞에서는 아무것도 아니기 때문에 진정으로 중요한 것만 남게 됩니다. 죽음을 생각하는 것은 무엇을 잃을지도 모른다는 두려움의 함정에서 벗어나는 최고의 길입니다.

우리도 언젠가 맞이할 인생의 마지막 몇 개월을 어떻게 보낼지 인생이라는 작품을 거꾸로 볼 필요가 있다. 그렇게 끝에서부터 인생을 본다면 매슬로의 '생존', '안전', '소속', '인정', '자아실현' 욕구를 넘어 '기여' 욕구를 통해 삶의 완성으로 승화할 시점이 반드시 오게 될 것이다.

《해리 포터》의 작가 조앤 롤링의 이야기도 많은 것들을 생각하게 해준다. 그녀는 대학을 졸업한 뒤 임시직으로 일했고 포르투갈로 건너가 영어 교사를 하다가 TV 방송 작가와 결혼했다. 하지만 2년 만에 이혼하고 4개월 된 어린 딸과 함께 영국으로 돌아오게 된다. 당시 그녀는 무일푼이어서 정부 보조금을 받으며 겨우 생활했다. 그녀는 낡고 허름한 임대 아파트에서 아이를 돌보며 글을 쓰기 시작했다. 그녀는 심한 우울증과 싸워야 했지만 글쓰기로 우울증을 극복한 그녀는 마침내《해리 포터와 마법사의 돌》을 출간하면서 세상을 뒤흔들었다. 조앤 롤링은 하버드대학교 졸업식에서 명예 박사학위를 받을 때 "실패와 상상력은 세상을 바꾼다"는 내용으로 이렇게 연설했다.

세상을 바꾸는 데 마법은 필요 없습니다. 우리는 이미 마음속에 세상을 바꿀 힘을 갖고 있습니다. 우리는 더 나은 삶을 상상할 수 있는 힘을 지녔습니다. 세네카는 이렇게 말했습니다. "이야기에서 중요한 것은 이야기의 길이가 아니라, 그 내용이 얼마나 훌륭한가다." 인생도 마찬가지입니다.

미운 오리 새끼가 백조가 되는 순간, 죽기를 각오하고 백조 무리로 다가가는 순간, 물에 비친 자신의 모습이 멀리 있는 백조들과 똑같았다. 나랑 비슷하네? 나도 날아볼까? 미운 오리 새끼는 그렇게 진짜 백조가 됐다. 조앤 롤링에게만 위기가 있었을까? 위기는 인생을 살아가는 누구에게나 찾아온다. 그리고 위기 때 나와 함께해주는 사람이 분명히 있다.

우리는 오리일까 백조일까? 백조인데 스스로 오리라고 여기며 계속 살고 있는 것은 아닐까? 우리에게는 백조임을 깨우쳐줄 스승, 나비의 잠재력을 보여줄 친구, 갈매기의 비상을 믿어줄 연인, 아직 날아오르지 못한 독수리의 본능을 깨우쳐 줄 멘토가 있다. 우리 주변의 소중한 인연들을 떠올려보자.

혈연으로 맺어진 관계도 중요하지만 삶을 살면서 인연으로 맺어진 관계도 중요하다. 그들이 내 삶에 각인돼 있음을 기억하자. 내 삶의 마지막에 "고마웠고, 행복했고, 사랑한다"고 말하고 싶은 명단을 만들어보자. 내 삶은 그들이 존재하기에 형성되는 것이다. 내게도 그런 스승과 친구와 멘토가 있다. 나는 훗날 전혀 다른 세상에서의 삶이 다시 시작할지도 모른다는 역설적 희망으로 나의 피할 수 없는 죽음을 받아들일 것이다.

다른 세상에서는 서로 달라진 모습이라 몰라볼지라도 그 인연이 계속되리라는 것을 믿자. 지금의 인연도 오랜 과거로부터 이어져 온 것이라고 생각하자. 함석헌 선생의 시 〈그 사람을 가졌는가〉의 한 구절처럼.

잊지 못할 이 세상을 놓고 떠나려 할 때

'저 하나 있으니' 하며

방긋이 웃고 눈을 감을

그 사람을 그대는 가졌는가

│ 주어진 삶이 아닌 내가 선택한 삶 │

우리의 삶은 주어진 것일까 선택한 것일까? 대다수 사람이 자신의 의지와는 상관없이 세상에 태어났다고 여긴다. "어떻게 내가 태어나기도 전에 선택할 수 있었겠느냐?" 하고 반문할 것이다. 그래서일까? 삶이 힘들고 고달플 때면 부모님을 원망하기도 한다. 왜 나를 태어나게 했느냐고 말이다. 그러니 내 인생을 책임지라고.

그렇지만 이 또한 생각하기 나름이다. 난자와 정자가 지금의 내가 되기 위해 서로를 선택했다고 생각하면 내 삶도 내가 선택한 것이 된다. 내 삶이 그저 주어졌다는 생각은 삶의 의지를 갉아먹을 뿐이다. 내 삶은 그냥 주어진 것이 아니다.

정자와 난자의 만남을 상상해보자. 수억 마리 정자가 난자를 향해 헤엄친다. 정자의 본능이라고 여길 수도 있고 정자의 의지에 따른 유영이라고 생각할 수도 있다. 하지만 한 가지는 확실하다. 살아남아 난자 근처까지 도착한 수만 마리 정자 중에서 오직 하나(드물게는 하나 이상)의 정자만이 난자에게 선택돼 수정이 이뤄진다. 이는 상호 선택의 결과다. 만약 난자가 다른 정자를 선택했다면 다른 아이가 태어났을 것이며 그 아이는 내가 아닐 것이다. 정자와 난자의 각자 선택으로 내가 태어난 것이며 이 선택을 부정하지 않는다면, 내 삶은 선택한 삶이다.

적혈구와 백혈구의 의지를 우리가 알 수 없듯이, 난자와 정자의 의도도 우리는 알 수가 없다. 살아가면서 우리는 끊임없이 선택한다. 그 선택이 꼭 의식적으로 이뤄지는 것만은 아니다. 우리 삶에서 하는 선택들은 어떤지 생각해보자. 밥을 먹고, 길을 걷고, 문을 여닫는 행동 대부분은 무의식적이고 본능적인 선택이다. 수백만 년 동안 자연선택적으로 형성된 신경회로와 스스로 만든 습관에 따른 무의식적인 선택이다. 행동심리학자 웬디 우드의 연구에 따르면 인간 행동의 60%는 무의식적인 행동이며, 그중 옷 입기는 88%, 운동은 44%가 습관에 의한 것이었다. 본능과 습관에 따른 무의식적인 선택도 우리의 선택인 것처럼, 난자와 정자도 서로를 선택한 것이다. 그 선택으로 새로운 생명인 내가 태어났듯이, 내 죽음의 모습도 내가 선택할 수 있어야 한다. 잘 죽으려면 잘 살아야 한다. 죽음 속에서 삶을 반추하며 그 삶을 통해 지혜를 얻어야 할 것이다. 이번 삶이 내가 선택한 삶이라고 생각하는 사람과 그렇지 않은 사람의 삶은 다를 수밖에 없다.

앞서 언급한 새뮤얼 스마일스의 말처럼 생각을 바꿨으면 행동이 바뀌어야 하고, 행동을 바꿨으면 습관이 바뀌어야 하며, 습관을 바꿨으면 성격이 바뀌어야 하고, 성격을 바꿨으면 운명이 바뀌게 만들어야 한다. 습관이 되는 데는 6개월이 걸리고 성격이 바뀌려면 10년이 걸린다. 뇌의 신경세포는 약 1,000억 개이며 여기에 수십에서 100조 개의 시냅스가 존재한다. 뇌세포와 시냅스에 의해 판단하고 행동하는 것을 한 번에 바꾸기란 불가능하다. 경험의 세계가 다르므로 정보에 대한 판단도 다르다. 성격이 바뀌려면 10년 동안 뇌가 재구성돼야 한다.

아프리카 속담에 "나무를 심을 가장 좋은 때는 20년 전이었고, 그다음으로 좋은 때는 바로 지금이다"라는 말이 있다. 운명이 달라지는 데 20년이 걸린다. 지금부터 시작해야만 20년 뒤 내 운명이 달라진다. 삶과 죽음에 대한 시각과 세상을 보는 눈이 바뀐다면 20년 후의 내 운명은 달라져 있을 것이다. 하지만 절실함의 차이에 따라 그 기간이 단축될 수도 있고 연장될 수도 있다. 심리학자 앤더스 에릭슨의 이른바 '1만 시간의 법칙'대로라면 하루 3시간씩 10년 동안 지속해야 1만 시간을 채울 수 있다. 더 많은 시간을 하루에 투자하면 그 기간은 짧아질 것이다. 만약 내 삶이 6개월밖에 남지 않았다면 내 운명을 바꿀 수 있을까? 6개월, 180일 동안 활용할 수 있는 하루 12시간을 마지막 운명에 건다고 한들 2,160시간에 불과하다. 양적인 1만 시간은 불가능하다. 그러나 나의 절실함은 시간을 질적으로 변화시킬 수 있으며, 다른 사람들의 도움으로 양적인 시간을 채울 수 있기에 운명을 바꿀 수 있다. 나의 간절함과 가족과 전문가의 도움이 필요한 이유다.

내 운명은 내가 결정한다. 죽음에 대한 생각과 대화는 우리 삶을 변화시키는 좋은 기회가 된다. 운명을 바꾸는 시작이 될 수 있다. 삶의 완성할 그날을 위해 지금 시작해야 한다. 이 시작이 나를 변화시켜 죽음을 맞이할 때까지의 운명을 바꿔놓을 것이다. 결국 모든 인간이 향하는 마지막은 죽음이다. 잘 살아야 잘 죽을 수 있다. 잘 죽으려면 잘 살아야 한다. 잘 살아서 죽음의 순간에 삶을 완성해 내 삶을 다른 사람들의 마음속에 전설로 남겨야 한다. 살아갈 희망과 용기가 될 수 있도록 말이다.

조선 시대에 쓰인 연대 미상 작자 미상의 《옹고집전》이라는 이야기가 있다. 심술 사납고 인색하기로 소문난 옹고집이란 부자가 있는데, 어느 날 시주받으러 온 어린 스님을 매로 두들겨 패 쫓아낸다. 그 사실을 알게 된 큰 스님이 도술로 가짜 옹고집을 만들어 진짜 옹고집에게 보낸다. 이에 두 옹고집 사이에서 서로 자기가 진짜라며 싸움이 벌어지고 결국 진짜 옹고집이 쫓겨나 정처 없이 떠돌아다니는 신세가 된다. 그러던 어느 날 진짜 옹고집이 자살하려던 순간 큰 스님이 나타나 크게 꾸짖고는 도술을 풀어준다. 옹고집도 지난 삶을 후회하고 반성하게 됐다. 그렇게 진짜 옹고집이 집에 돌아가서 보니 가짜 옹고집은 허수아비로 변해 있었다. 그 뒤로 새사람이 된 옹고집이 착하게 살았다는 이야기다.

큰 스님은 이른바 복제인간을 만들어 옹고집 집에 보낸 셈인데, 진짜와 가짜가 너무 똑같아서 가족도 도저히 구분할 수 없었다. 그런데 복제인간은 마음씨가 착했다. 진짜 옹고집 아내가 자기 남편 성격을 몰랐을까? 빤히 알면서도 '내가 어쩌다가 저런 못된 영감을 만나서 이 모양 이 꼴로 산단 말인가' 한탄하던 아내는 마음씨 착한 복제인간을 선택한 것이다. 쫓겨난 진짜 옹고집도 '내가 이렇게 된 것은 다 마누라를 잘못 만나서 그렇다'며 한탄했다. 그러다가 마침내 자신의 잘못을 반성하고 생각을 바꿨다. '내가 그동안 가족에게 잘못해서 이렇게 된 거야', '돌아갈 수만 있다면 잘해줘야지' 하며 집에 돌아갈 날을 고대했다. 처음에는 착했던 복제인간 옹고집도 살다 보니 점점 못된 영감으로 변해갔다. 옹고집이 못되게 된 것이 영감 탓만은 아니었다는 사실을 깨달은 아내는 '영감이 못되게 된 것은 내 탓이야' 생각하고 진짜 옹고집을 찾았다. 서로를 탓하기만 했던 옹고집과 아내는 우여곡절 끝에 다시 만나 행복하게 살았다는 해피엔딩이다.

변명과 회피가 아닌 책임지려는 사람만이 자신을 바꾸고 세상을 변화시킬 수 있다. "네 탓이 아니야"라는 한때의 위로는 정서적 안정을 줄지는 몰라도 긍정적 변화를 일으키지 못한다. 내가 바뀌지 않으면 아무것도 바뀌지 않는다. 나부터 바꿔야 한다. 지금 이해하고 용서해야 베풀 수 있고 삶의 마지막 순간에 감사하며 떠날 수 있다. 삶이 얼마나 남아 있을지 아무도 모른다. 지금부터 시작해야 한다.

톨스토이의《사람은 무엇으로 사는가》이야기 속으로 좀 더 들어가보자. 구두장이 시몬은 그동안 구두를 외상으로 수선한 사람들에게 돈을 받아내 외투를 마련하기로 한다. 하지만 외상값을 받지 못하자 홧김에 술을 왕창 마시고 집에 가던 중 미하일을 발견한다. 사실 미하일은 신에게 벌을 받아 쫓겨난 천사였다. 추운 겨울에 아무것도 걸치지 못한 채 벌벌 떨고 있던 그를 불쌍히 여긴 시몬은 자신이 걸치고 있던 외투를 입혀서 집으로 데려간다.

외투가 낡은 것은 둘째 치고, 시몬은 무척 가난해 집에 외투가 하나밖에 없어서 한 사람만 집 밖으로 나갈 수 있었다. 그래서 새 외투를 사고 싶었던 것이었다. 그런데 외투는커녕 술 냄새 펑펑 풍기며 하나밖에 없는 외투도 어느 벌거숭이 사내에게 입힌 채 돌아온 남편을 보고 아내는 너무 화가 나 온갖 욕을 퍼부었다. 하지만 남편의 자초지종을 들은 아내는 "당신에게도 그런 착한 마음이 있었느냐"며 누그러졌다. 얼마나 가난했으면 다른 사람을 배려할 줄 아는 마음이 서로에게 있다는 사실조차 몰랐을까? 한 번도 그 착한 마음을 드러내지 못할 정도로 가난하게 살아왔다는 것이다. 내게는 이 이야기가 오 헨리의 소설 《크리스마스 선물》에서 금발 머리카락과 금시계를 팔아 시곗줄과 머리빗을 선물한 가난한 부부의 이야기보다 더 슬프고 감동적이었다. 아직 읽어보지 못했다면 꼭 일독을 권하고 싶다.

러시아 모스크바에서 자동차로 3시간 거리에 있는 톨스토이 생가도 방문한 적이 있다. 톨스토이의 무덤을 보고 싶어서였다. 지인인 우윤근 전 주러시아 대사가 막상 가보면 당황스러울 거라고 귀띔해줬으나 오히려 경이로울 정도로 감동을 받았다. 톨스토이 무덤에는 비석도 표식도 아무것도 없었다. 그저 오솔길 옆에 무덤만이 홀로 있었다.

우리가 살아있는 이유는 다른 사람들의 배려 때문이다. 차를 타고 운전할 때 반대편의 차가 중앙선을 침범해 들어올까 봐 차를 못 타는 사람이 있을까? 음식에 독을 탔을까 봐 먹지 못하는 사람이 있을까? 우리는 그런 사람을 정신병자라고 부른다. 우리는 다른 사람들이 중앙선과 교통신호를 잘 지킬 것이라고 믿는다. 식당에서 우리를 위해 음식을 정성스럽게 준비해줄 것이라고 믿는다. 믿지 못하면 밖으로 나갈 수도 없고 먹을 수도 없다. 생활할 수가 없다.

우리 몸도 마찬가지다. 인간의 몸은 그 자체로 합목적적인 특성을 갖고 있다. 인간의 몸에 있는 세포는 자신보다는 다른 세포를 위해서 일한다. 위세포는 위에 음식이 들어오면 자신을 위해 음식을 분해하지 않는다. 몸 전체의 세포에 영양분을 공급하기 위해서 일한다. 폐세포는 다른 세포에 필요한 산소를 보내고 이산화탄소를 배출한다. 적혈구는 폐세포가 전해준 산소를 배달하려고 혈관을 이동한다.

우리는 먹고살기 위해 일하지만 서로가 서로를 먹여 살리기 위해 일하는 셈이기도 하다. 우리는 서로를 위해 배려해야만 제대로 돌아가는 공동체 속에서 살고 있다. 내가 건강하기 위해서는 다른 사람이 건강해야 하고, 내가 건강하면 다른 사람도 건강하게 되는 건강 공동체이기도 하다. 2014년 이와 관련해 조사도 진행한 적 있는데, 건강에 대해 "영향을 받은 경험이 있다"는 응답이 53%였고 "영향을 준 경험이 있다"는 응답이 45%였다. 영향을 받은 경험에 대해서도 긍정적으로 생각했고 영향을 주는 것도 긍정적인 응답이 많았다.

건강 공동체적인 문화를 만드는 것에 대해서도 85%가 공감했다. 1년에 100시간 이상 자원봉사를 하는 노인이 그렇지 않은 노인보다 더 건강하고 오래 산다는 연구 결과도 있다. 우리는 혼자 살 수 없다. 모든 존재가 서로 조화를 이루고 서로를 긍정적으로 배려하고 위할 때 더 건강해질 수 있고 오래 살 수 있다. 자신만을 위해 살려는 것은 암세포의 특성이다. 암세포는 모든 세포를 파괴하고 결국 자신도 죽는다. 톨스토이는 벌 받은 천사 미하일을 통해 사람에게 허락되지 않은 것은 자신에게 진정으로 필요한 게 무엇인지를 아는 지혜이며, 사람의 내면에는 사랑이 있고, 사람이 살아갈 수 있는 까닭은 사랑이라는 깨달음을 준다. 어쩌면 우리 모두가 벌 받고 있는 천사일지도 모른다.

제5장

그날을 위해 준비해야 할 것들

승진의 기쁨에 들뜬 이반 일리치에게 뜻밖에 죽음의 그림자가 드리웠다. 지금껏 살아오면서 한 번도 경험하지 못했던 고통이 찾아왔다. 부인은 그가 떠난 다음이 걱정되고 딸은 결혼 문제로 바빴다. 동료들은 벌써 그가 떠난 자리를 누가 차지할지에 관심이다. 슬픈 일리치를 멀리한 채 남은 자들은 살아가야 할 시간과 해야 할 일들이 걱정이다. 그의 고통을 그들은 이해할 수도 없고 이해하고 싶지도 않았을 것이다. 일리치는 삶을 돌아보니 잘못된 삶을 살았다고 후회스럽기만 했다.

톨스토이의 《이반 일리치의 죽음》에 나오는 대목이다. 나 역시 그랬다. 어머니께서 병들어 누워계실 때도 현실에 바빠 어머니 곁을 지키며 삶과 죽음 그리고 그 이후의 삶에 대해 진지하게 이야기하지 못했다. 예상치 못한 죽음이 어머니께 찾아왔을 때조차 더 오래 사실 거라는 막연한 기대만 했을 뿐이었다. 예수께서 게세마니 동산에 올라 죽음의 잔을 받을지 근심과 번민에 싸여 기도하실 때에도 제자들은 밀려오는 잠의 유혹을 피할 수 없었다. 외로이 죽음의 고통을 견디며 십자가에 매달린 것은 오로지 당신의 몫이었다. 나나 여러분의 죽음도 오롯이 자신의 몫일 것이다.

월마트의 창업자 샘 월튼도 임종이 가까워져 삶을 돌아보니 친구라고 부를 수 있는 사람이 없었다며 인생을 잘못 살았다고 후회했다. 우리가 맞을 죽음이 이반 일리치나 샘 웰턴과 다르지 않을 것 같아 걱정이다. 사느라 바쁜 가족을 위해 요양병원에 맡겨질 것이다. 《이반 일리치의 죽음》에서 하인인 게라심이 이반 일리치의 처지를 진심으로 가엾게 여겨 고통을 덜어주고 큰 위안을 준 행위는 다름 아닌 호스피스 봉사였다. 절망 속에서 삶을 바로잡아보려는 일리치에게 천국의 문을 열어준 것은 아들의 입맞춤과 눈물이었다.

| 그날은 갑자기 찾아온다 |

준비 안 된 죽음은 앞서 언급한 톨스토이의 《사람은 무엇으로 사는가》에서도 마주할 수 있다. 한 부자가 최고급 가죽을 건네며 구두를 만들어달라고 했다. 그러나 멋진 구두를 신은 자신의 모습을 상상했겠지만 예상치 못한 죽음을 만났다. 삶과 죽음에 대해 진지하게 생각해볼 겨를도 없이 말이다. 톨스토이는 "인간은 자신에게 무슨 일이 일어날지 모르고, 자신에게 무엇이 필요한지를 아는 지혜가 없다"고 말했다. 자신의 삶과 죽음을 진지하게 생각하고 가족과 친구들과 대화할 시간을 가져야 한다. 너무 늦기 전에 미루지 말아야 한다. 살아갈 날이 아직 많이 남아 있는 것 같지만 아무도 모른다. 말기 진단을 받으면 그때 하면 된다고 생각할 수도 있다. 말기 진단 후 남은 6개월도 짧을 수 있다. 마지막으로 사람들을 만나고, 가고 싶은 곳을 찾고, 지금까지의 삶을 정리하고, 의미를 부여하고, 자신만의 전설을 만들기 위해서는 충분한 시간이 필요하다. 말기 암 환자의 경우 요즘에는 새로운 항암 치료제를 더 쓰다 보니 그 기간마저 2~3개월로 줄었다. 더욱이 암이 아니면 얼마나 남았는지 알 수 없어 그날은 결국 너무나도 갑작스럽게 찾아온다.

나는 품위 있게 죽고 싶다

떠나는 사람은 남는 사람들을 걱정하게 마련이다. 1989년 의대 본과 4학년 학생이었던 내게 준비된 죽음을 보여준 40대 중반의 남성이 있었다. 그는 가톨릭 신자로 세례명은 바르나바였다. 당시 나는 말기 진단을 받고 병실에 누워 있던 그를 가톨릭 원목실 봉사활동으로 찾아갔다. 그는 위암 진단을 받은 순간부터 남게 될 가족을 위해 경제적인 준비를 했다. 투병 중에도 최악의 상황을 대비했다. 그는 그로부터 5년 뒤 세상을 떠났다. 준비하려는 노력이 그를 5년 동안 더 살게 했을지도 모른다.

만난 지 3개월 만에 그가 세상을 떠날 때 나는 정말 슬펐고 많은 눈물을 흘렸다. 그의 죽음에서 스물네 살 나이에 위암으로 세상을 떠난 큰 누님의 모습이 투영돼 그랬을 수도 있었다. 누님의 죽음이 나를 의사가 되게 했듯이, 그의 죽음도 내 삶에 큰 영향을 미쳤다. 아리스토텔레스는 '재능'과 '필요'가 만나면 '소명'이 생긴다고 말했다. 이때 나는 호스피스 돌봄을 소명으로 여기게 됐다. 의사가 된 후부터는 찾아가는 호스피스 돌봄을 했다. 게라심이 했던 봉사처럼 말기 환자들의 병실을 찾았고 가정을 방문했다. 생각이 바뀌어 행동이 바뀌고, 행동이 바뀌어 습관이 되고, 그렇게 10년의 세월이 흘러 성격이 바뀌고서 나는 깨닫게 됐다. 말기 환자에게도 희망이 있다는 사실을. 그것은 '역설적 희망'이었다.

| 그날을 맞이할 연습 |

몇 년 전 '버킷리스트(bucket list)'가 유행한 적이 있다. 삶이 얼마 남지 않은 두 말기 환자가 하고 싶은 리스트를 만들어 하나씩 실천하는 이야기를 담은 영화 《버킷리스트》도 흥행했다. 버킷리스트가 삶의 의미를 부여해 완성하는 도구로 쓰인다면 죽음 앞에서 삶이 가치 있고 풍요로워지지 않을까? 또 다른 영화 《엔딩 노트》에서는 '죽기 전에 해야 할 일들' 목록을 제시했다. 영국 〈BBC〉에서도 삶의 마무리를 위한 체크리스트를 제안했다. 다음은 내가 우리 현실에 맞게 수정해 정리한 '죽기 전에 해야 할 10가지' 목록이다.

- 장례식, 시신 처리(화장·매장·수목장) 등에 관한 사전장례의향서 작성
- 조문보(弔問報) 또는 인생 노트(엔딩 노트) 작성
- 삶의 마지막에 "고마웠고, 행복했고, 사랑한다"고 말하고 싶은 사람들 명단 작성
- 사전연명의료의향서 작성
- 재산 정리 및 유언장 작성

나는 품위 있게 죽고 싶다

- 유산 기부 계획 완성

- 꼭 하고 싶었던 것 하기

- 가족과 마지막 여행하기

- 가족 및 친구들과 자신의 삶과 죽음의 의미에 관한 대화 나누기(사전 장례식)

- 인생의 기쁨을 찾았던 순간과 자신의 삶이 다른 사람을 기쁘게 한 기억들을 정리

그날이 올 때를 대비해 얼마나 준비됐는지 지금 점검해보자. 아직 시간이 있으니 하나씩 준비하면 된다. 하지만 너무 늦추다 보면 정작 필요할 때 준비가 안 돼 아쉬운 경우가 많다. 전문가의 도움이 필요할 수 있다. 이 중에서 절대로 빠뜨려서는 안 되는 것이 있다. '인생의 기쁨을 찾았던 순간과 자신의 삶이 다른 사람을 기쁘게 한 기억들을 정리'하는 일이다.

이집트 신화에서는 영혼이 하늘에 가면 신이 하는 두 가지 질문이 있다고 한다. 대답에 따라 천국과 지옥이 결정된다. 첫째, 인생의 기쁨을 찾았는가? 둘째, 자신의 인생이 다른 사람을 기쁘게 했는가?

지금 세상을 떠나 홀로 신 앞에 선다면 기쁨에 대해 어떤 이야

기를 할까? 스스로에게 물어보자. 행복을 느낀 순간, 행복을 준 순간을 꼭 붙들고 살아가자. 그래서 신 앞에 당당히 서서 말하자. 우리가 세상을 살면서 많은 죄를 짓기도 하고 고난의 삶을 살았지만, 인생의 기쁨을 찾았고 다른 사람을 기쁘게 했다고 말이다.

삶을 거꾸로 돌려서 찾아보자. 감동을 주고받은 사람, 행복을 주고받은 사람이 단 한 명이라도 있을 것이다. 적어도 한순간만이라도 누군가에게 도움을 줬거나 받은 기억이 있을 것이다. 절실한 마음으로 찾아보자. 인간은 누구나 선의를 갖고 있다. 배려와 사랑으로 온갖 죄악 속에서도 구원을 받을 것이다. 1960년 초 가톨릭 제2차 바티칸공의회는 선한 일을 한 '익명의 그리스도인'도 구원받을 수 있다고 공표했다. A. J. 클로닌의 《천국의 열쇠》에서 중국인들의 전염병을 치료하다 죽어간 의사 탈록이 아직 신을 믿어지지 않는다고 말하자 시셤 신부는 울면서 이렇게 위로한다.

"그게 무슨 상관인가? 하느님께서 자네를 믿을 텐데. 인간의 괴로움, 그게 다 회개하는 행위라네."

우리가 어떤 인생을 살았든 삶의 기쁨을 찾았고, 그 기쁨이 또 다른 이들의 기쁨으로 이어지는 삶을 살았다면, 거기에 우리 삶의 가치가 있고 의미가 있는 것이다. 죽음의 절망 앞에서도 꿈꾸는 삶의 희망이 바로 '역설적 희망'이다. 스피노자가 설사 내일 세상이 멸망할지라도 사과가 필요한 미래에 대해 희망을 버리지 않고 사과나무를 심겠다고 했듯이, 우리 인간은 삶의 마지막 순간에도 꺼지지 않는 희망의 불빛을 볼 수 있는 존재다.

멀리 있는 위대한 사람이 아니라, 가까이에 있는 평범한 우리 어머니와 아버지에게도 전설이 있다. 자식들에게 두고두고 어떤 분이었는지 이야기할 수 있는 의미 있는 삶을 사셨다. 지난 2019년 문재인 대통령의 모친 강한옥 여사가 향년 92세로 타계했다. 여사께서는 "행복했다"는 말을 남겼다고 한다. 인생에서 행복을 느꼈고 아들인 대통령에게도 행복을 줬을 것이기에 천국의 길이 열렸으리라고 믿는다. 대통령에게는 국민에게 삶의 기쁨을 줄 책임이 있다. 모든 국민이 죽음의 순간에 행복했다고 말할 수 있도록 해야 할 책임도 있다. 국민의 웰다잉을 위해 대통령이 해야 할 역할이 있다. 죽음을 넘어 희망을 가질 수 있는 용기를 줄 수 있는 위치에 있기 때문이다. 천상병 시인의 시 〈귀천〉에서처럼 삶이 아름다웠다고 말할 수 있도록 끊임없이 고민해야 할 것이다.

나 하늘로 돌아가리라

아름다운 이 세상 소풍 끝내는 날

가서, 아름다웠더라고 말하리라

인간은 의미를 부여하는 존재다. 삶의 위기를 도전과 성장의 기회로 바꿀 수 있다. 우리의 삶은 주어진 것이기도 하지만, 선택한 삶이기도 하다. 그리고 우리는 죽음을 향해 가는 존재다. 누군가 죽고 누군가 새로 태어나야 한다. 죽지 않으면 생명은 존재하지 못한다. 우리는 연속적이면서도 공동체적인 삶을 살고 있다. 삶은 죽음을 지향하며, 삶의 목표는 죽음을 통해 완성된다. 죽음의 고통이 찾아왔을 때 삶을 포기하지 말자. 피할 수 없는 죽음은 슬픔인 동시에 미래의 생명을 위한 자리 내줌이자 희망이다.

죽음을 살아가는 우리의 삶에 의미를 부여하자. 기쁨을 찾고 누군가를 기쁘게 하자. 의미 있는 삶을 살다가 죽음을 넘어 또 다른 삶으로 이어지기를 희망하자. 그날이 되면 존재하는 모든 것들이 아름다웠다고 말하자. 옳고 그름이 아니라 선택이며 믿음이다. 그 믿음이 세상을 보는 눈과 사람을 대하는 태도를 결정한다. 현재의 삶과 미래의 인생도 바꾼다. 주변 사람들에게도 영향을 미친다. 우리가 떠나고 남은 이들의 삶에도 영향을 줄 것이다. 나는 이 사실을 수많은 환자를 경험하고 연구하면서 깨달았고 스스로 체험하면서 살아왔다. 역설적이면서도 실용적인 희망이다. 미래의 어느 날, 그 믿음이 내 삶을 통째로 바꾸었다고 말할 수 있도록 생각을 바꾸고 행동하고 습관이 되도록 연습하자. 그래서 성격이 바뀌도록. 그래서 운명이 달라지도록.

습관이 바뀌는 데 6개월 걸린다고 했다. 습관이 바뀌고 10년을 유지해야 성격이 달라진다고 했다. 운명은 그렇게 20년이 걸려야 바뀐다고도 했다. 남은 삶이 20년보다 짧다는 생각이 든다면 더욱 절실하게 노력해야 한다. 하루에도 더 많은 시간을 투자해야 한다. 늦었다고 생각할 때가 가장 빠를 때다. 지금이 가장 좋은 시기다. 지금이 생각을 바꾸는 연습을 시작할 때다. 그러면 내 삶이 달라지고, 내가 달라지면 세상도 달라진다.

행여 불행했던 기억이 있거나 많은 잘못을 했더라도 낙심하지 말자. 그럴수록 삶의 기쁨을 찾고 그 기쁨을 줄 수 있도록 남은 인생을 더 간절한 마음으로 살아가자. 삶과 죽음의 역설적 희망을 위해 시작하자. 과거의 일로 괴롭다면 양심이 있기 때문이다. 그 양심이 우리를 구원한다. 행복했고 행복을 줬던 자신만의 노하우가 있다면 미리 기록으로 남기자. 불행을 피할 수 있는 지혜가 될 수 있다. 아이작 뉴턴이 말한 것처럼 여러분의 후손이 여러분이라는 거인의 어깨 위에 올라타 더 멀리 내다볼 수 있게 하자. 지금 '역설적 희망'이라는 이름의 사과나무를 심자.

│ 죽음에 이르는 세 가지 시나리오 │

찰스 디킨스의 소설 《크리스마스 캐럴》의 스크루지 영감이 유령이 된 동료들의 도움으로 자신의 과거와 현재 그리고 미래를 본 것처럼, 우리도 죽음에 이르는 세 가지 가능한 시나리오를 상상해볼 수 있다.

첫 번째 시나리오는 '일상적인 죽음'이다. 암이나 심뇌혈관질환, 호흡기질환으로 수년 동안 투병하다가 더는 치료에 반응하지 않고 점차 악화해 의료진이 제공하는 진통제 등 통증 조절 처방을 받다가 병원 또는 집에서 가족과 별다른 작별 인사도 하지 못한 채 세상을 떠난다. 물질적 유산은 남겼을지 모르나, 그동안의 삶을 정리하고 의미를 부여한 정신적 유산을 준비해 남기지 못하고 떠나서 허무함과 아쉬움만이 남는 죽음이다. 이반 일리치의 죽음과 비슷한 죽음이다.

두 번째 시나리오는 '극단적인 죽음'이다. 살아생전 돈을 많이 벌었거나, 유명인으로 살았거나, 권력으로 세상을 휘어잡았거나, 세간의 존경을 받으며 살았지만, 막상 죽을 때가 돼서는 돈도 잃고 사람들에게 잊힌 채 움직이지도 못하고 대소변도 가리지 못해 영양 튜브와 주사로 연명하다가, 임종 직전 응급실로 옮겨져 심폐소생술을 받은 후 중환자실에 입원해 인공호흡기에 매달린 채 비참하게 맞이하는 죽음이다. 살아있을 때는 스스로 위대한 삶이라는 자부심도 있었지만, 머릿속에는 부정적인 생각과 분노들만 가득 차고 그동안 열심히 살아온 삶의 의미를 전혀 모른 채 죽음을 맞이한다. 가장 피하고 싶은 죽음이다.

세 번째 시나리오는 '극적인 반전의 죽음'이다. 젊은 시절부터 가난하고 가족에게 헌신하느라 자신을 돌볼 여유도 없이 어렵게 살다가 만성질환에 걸렸는데, 그마저 제때 치료하지 못해 결국 수개월 내 죽는다는 시한부 선고를 받는다. 그렇게 고통 속에서 삶이 끝나는 줄 알았지만, 사람들이 찾아와 먹여주고 씻겨주고 돌봐주면서 자신의 삶에 관심을 가져주고 고난과 슬픔으로 가득했던 삶 속의 숨겨진 가치를 발견하게 해준다. 우울한 지난 삶이었으나 마지막 순간만큼은 인간으로서 사랑을 받으며 맞이하는 존엄한 죽음이다.

우리의 죽음은 어떤 모습일까?

| 준비 안 된 죽음은 후회를 낳는다 |

앞에서 월마트 창업자 샘 월튼이 죽을 때 잘못 살았다고 후회했다는 일화를 전했다. 막상 죽음이 가까워지자 친구라고 부를 수 있는 사람이 없었단다. 그는 살면서 전혀 죽음을 준비하지 못한 것이다. 죽음을 생각했다면 최소한 자신이 세상을 떠날 때 위로받을 수 있는 친구 몇 명이라도 사귀었을 것이다. 이렇게 보면 그의 죽음이 참으로 쓸쓸하고 불행해 보이지만, 사실 대부분의 사람이 이렇게 죽는다. '일상적인 죽음'은 대개 이렇다.

임종을 앞둔 이반 일리치가 가장 견디기 힘들었던 것은 용변을 볼 때마다 다른 사람의 도움을 받아야 하는 것이었다. 게라심이 그 일을 도왔다. 이반 일리치 자신의 처지를 이해하고 진심으로 가엾게 여긴 사람은 가족이 아닌 게라심이었다. 이반 일리치에게는 그가 큰 위안이 됐다. 게라심은 이렇게 말했다.

"우리는 모두 언젠가는 죽습니다. 그러니 이런 수고 좀 못하겠습니까?"

임종 단계에 이르면 영적 존재로부터 시작해 정신적 존재로서의 퇴보가 진행되며, 마지막 순간에는 오직 생물학적 존재로서만 시간을 끌게 된다. 정신적 존재가 아닌 생물학적 존재인 몸으로

압박붕대에 팔다리를 고정한 채 욕창이 생기고 폐렴에 걸리고 패혈증에 빠진다. 믿기 싫겠지만 늙어서 죽는 대개의 모습이 이렇다. 비단 인공호흡기 등 연명의료가 아니더라도 온몸이 퉁퉁 부은 채 아니면 야윈 모습으로 누워서 입, 코, 비뇨기, 혈관에 플라스틱 튜브를 꽂고 연명한다. 이런 모습을 상상해보자. 이것이 자연스러운 죽음일까? 나와 인연이 전혀 없던 사람들이 아니라, 사랑하는 사람들 앞에서 품위 있는 모습으로 죽는 것이 바람직하지 않을까?

'생명의 존엄성'을 빌미로 인간으로서의 품격이 사라진 채 가래, 대소변, 부종, 기저귀, 패혈증, 비명, 고통 등 환자가 죽음의 과정에서 겪는 고통을 외면해서는 안 된다. 중환자실 연명의료로 생물학적 생존 기간을 늘릴 수는 있어도, 삶의 질을 떨어뜨리고 존엄한 죽음의 기회를 박탈할 뿐이다. 품위 있는 마무리를 위한 준비는 도외시한 채 1%의 확률도 기대하기 어려운 항생제와 주사제를 꽂은 채 100명 중 99명의 삶을 희생시키는 의료는 거부돼야 한다. 가족은 우울증에 시달린다. 중환자실에 입원한 경우라도 작별 인사를 미리 할 수 있도록 도움을 줘야 한다. 준비되지 않은 채 그냥 떠나보내는 것보다는 후회가 적다. 혹여 의식이 돌아온다면 더욱 좋은 일이다. 병원의 관행이 바뀌고 바람직한 임종 문화가 정착돼야 한다.

임종에 임박해서는 죽음을 준비할 수 없다. 죽음 준비는 충분한 시간을 갖고 해야 한다. 건강할 때 미리 해두면 더욱 좋다. 살면서 다시 생각하고 빠진 부분을 보완할 수 있으며 가족, 친구, 전문가 등과 의견을 나눌 수도 있다. 말기 암 환자 코호트 연구 결과 6개월 생존을 예상한 환자의 1개월 내 사망률이 20%였고, 3개월 내 사망률도 60%나 됐다. 그야말로 순식간이다. 말기 환자들에게 6개월 이상 생존할 환자들에게 맞는 의료를 제공하고 준비하게 해서는 곤란하다. 강조하지만 말기 진단을 받으면 곧 죽는다. 임종을 준비하기에 너무 늦다. 대부분 말기 환자들은 여러 병원 응급실을 전전하다가, 이 병원에서 며칠, 저 병원에서 또 며칠을 유랑하는 고통을 겪는다. 병원은 환자가 사망한 다음에야 비로소 환영한다. 장례식장으로 오라고 말이다. 대학병원 장례식장은 어딜 가나 화려하게 꾸며놓았지만, 죽어야 가는 곳이다.

| 준비된 죽음은 삶을 변화시킨다 |

2019년 2월, '패션의 제왕'으로 불린 독일의 패션 디자이너 칼 라거펠트가 향년 85세의 나이로 사망했다. "그냥 사라지고 싶다" 는 고인의 유언에 따라 장례식 없이 화장했다. 그는 평소에 자신 이 세상을 뜨게 되면 과거 자신의 동성 연인으로 1989년에 먼저 세상을 떠난 자크 드 바셰르와 자신의 뼛가루를 섞어서 뿌려달라 는 말을 자주 했다고 한다. 그래서 자크 드 바셰르의 시신을 화장 하고 남은 뼛가루의 절반가량이 보관되고 있었다. 라거펠트는 한 TV 인터뷰에서 "무덤에 남아 사람들을 거추장스럽게 하는 것은 딱 질색"이며, "그저 야생동물처럼 사라져버리고 싶다"고 말했다.

2017년 11월 25일, 미국 테네시 주 녹스빌에 사는 베일리 셀 러스는 자신의 스물한 번째 생일에 돌아가신 아버지 마이클 윌리 엄 셀러스로부터 꽃다발을 선물 받았다. 5년 전 암으로 사망한 아 버지가 매년 딸의 생일날에 꽃다발을 배달하도록 5년간의 꽃값 을 미리 계산해둔 것이었다. 베일리 셀러스는 이번에 마지막으로 받은 꽃다발과 카드를 트위터에 올려 많은 네티즌에게 감동을 줬 다. 다음은 아버지 마이클 윌리엄 셀러스가 마지막으로 보낸 카 드 내용이다.

베일리, 이건 우리가 훗날 다시 만날 때까지 마지막으로 보내는
사랑의 편지야. 아빠는 더 좋은 곳에 있으니 아빠 때문에 더는

눈물을 흘리지 않기를 바란다. 베일리, 너는 아빠가 받은 가장 소중한 보석이었고 앞으로도 항상 그럴 거야. 이제 스물한 번째 생일이구나. 항상 엄마를 존경하고 너 스스로도 진실한 사람이 되길 바랄게. 행복하고 충만한 삶을 살아라. 인생의 중요한 모든 순간마다 너와 함께할 거야. 사랑하고, 생일 축하한다.

_ 아빠가

아버지 마이클 윌리엄 셀러스는 육체적으로는 세상을 떠났지만, 정신적으로는 딸의 삶 속에 깊이 살아있는 셈이다. 죽음을 준비하면서 이렇게까지 해야 할까 생각하는 사람도 있겠지만, 자식이 성인이 되기 전에 죽을 수밖에 없었던 아버지의 마음이 고스란히 느껴진다. 아이에게 소중한 시간을 함께하지 못한 사랑을 전해준 이 편지가 자녀에게 삶의 용기와 미래에 대한 희망을 주리라는 것은 확실하다. 꼭 미성년 자녀와 부모의 관계에만 그럴까? 젊은 시절 먼저 떠나게 될 수밖에 없는 자식 입장에서 슬픔을 극복하고 살아가야 할 부모에게 의미 있는 삶을 살아갈 희망을 줄 수도 있을 것이다.

프랑스의 철학자 안 뒤푸르망텔은 바다에 빠진 어린이를 구하려다 53세의 나이로 숨졌다. 평소 그녀는 "숭고한 가치를 위해 위험마저 무릅쓴다는 것은 목숨까지도 위험에 내맡기는 것을 의미한다"고 강조했다. 2017년 7월 21일, 그녀는 프랑스 남부 생트로페 팡펠론 해변에서 물놀이를 하다가 강풍으로 파도에 휩쓸린 어린이 2명을 구하기 위해 바다로 뛰어들었다. 두 어린이는 긴급 출동한 구조대원에 의해 모두 무사히 구조됐다. 그러나 그녀는 심정지 상태에 빠져 심폐소생술을 받았지만 안타깝게도 돌아오지 못했다. 삶의 가치를 실현하기 위해 목숨까지도 감수해야 한다고 했던 그녀는 '언행일치'와 '살신성인'의 삶을 실천으로 보여줬다. 그녀는 우리에게 세상을 어떻게 바라봐야 하며 우리가 어떻게 살아야 하는지를 생각해보게 했다. "완벽한 안전은 환상일 뿐이며, 살아있다는 것 자체가 위험을 포함하는 것"이라는 그녀의 통찰력은 내게 깊은 감동을 줬다.

2018년 8월 12일, 결혼식 도중 신부가 사망하는 안타까운 일이 벌어졌다. 신부 샤오 후이는 8년 동안 백혈병을 앓고 있었고, 2년 전 만난 남자친구 양 펑과 부부의 연을 맺기 위해 중국 허난성의 한 병원에서 결혼식을 열었다. 의료진에게 샤오 후이의 상태가 악화해 더 살기 어렵다는 사실을 전해 들은 양 펑은 샤오 후이가 평생 원했던 꿈을 이뤄주기로 마음먹었다.

그날 샤오 후이는 결혼식 도중 갑자기 쓰러져 숨졌다. 이틀 뒤 장례식이 열렸다. 양 펑은 샤오 후이의 묘비에 "당신은 내가 사는 세상에서 떠날 수 있지만, 내 인생에서 떠날 수는 없다"는 글귀를 새겼다. 우리는 세상을 떠나도 그렇게 서로의 삶을 살아가는 것이다.

칼 라거펠트, 베일리 셀러스, 안 뒤푸르망텔, 샤오 후이와 양 펑, 그들은 죽음이 준비된 삶을 살았고, 준비된 삶은 그들의 삶과 남은 사람들의 삶을 변화시켰다. 이 이야기를 기억하며 살아갈 우리들의 삶 또한 변화시킬 것이다.

| 희망을 선사하는 평범한 삶의 기록 |

특히 한파가 심한 겨울이나 폭염이 닥치는 여름에 무연고 사망자들에 대한 안타까운 사연들이 많이 나온다. 몸이 불편한데도 열악한 환경에서 추위와 무더위 속에 세상과 단절된 채 쓸쓸한 최후를 맞는 경우가 많다. 곧바로 발견되지 않는 일도 비일비재해 더욱 안타깝다. 숨진 지 한 달 이상 지나서 발견되는 경우도 있다. 공동 부양과 같은 사회적 차원의 안전망을 확고하게 구축할 필요가 있다.

나는 품위 있게 죽고 싶다

대학 시절 헤르만 헤세의 《추억 찾는 나그네》라는 수필을 읽은 적이 있다. 그는 땅에 고인 물에 떨어진 낙엽도, 낙엽에 있는 무늬도, 그것을 보고 있는 그 순간도 모두 고유하게 여겼다. 우리의 삶은 어떨까? 낙엽보다 더 고유하고 고귀한 삶일 것이다. 살아온 날보다 살아갈 날이 더 적은 노년의 경우, 특히 죽음을 앞둔 시점에서 삶은 더욱 가치 있다. 고등학교 시절 아껴가며 《천국의 열쇠》를 읽을 때, 마지막이 다가올수록 어떻게 끝날지 긴장을 늦출 수 없었다. 그리고 마지막 장을 넘긴 다음의 여운은 지금도 내 마음속에 남아서 내 삶에 영향을 주고 있다.

　문학 작품뿐 아니라 축구, 야구 등에서도 마지막이 얼마나 중요한가? 우리 삶도 그렇다. 살아온 나날이 어떻게 마무리되고, 고난과 고통이 어떤 의미를 갖게 될지 결정되는 순간을 우리는 남기고 있다. 사람이라면 누구나 삶의 마지막은 존중받으며 맞이할 수 있어야 한다. 육체는 흩어지지만, 우리가 남긴 정신적 유산과 실존적 전설은 살아있는 사람들에게 전해져 계속 존재할 것이다. 그것은 단순한 기억이 아니다. 기억하든 하지 않든 상관없이 떠난 이들의 삶이 남은 자들의 삶 속에 배어들어 그 삶의 일부가 되기 때문이다. 마치 서로가 숨 쉬면서 주고받으며 나누는 공기가 서로의 몸에 배어드는 것과 같은 이치다.

스스로 행복해야 타인을 행복하게 할 수 있고, 스스로 사랑해야 누군가를 사랑할 수 있으며, 스스로 용서해야 다른 사람을 용서할 수 있다. 행복은 목적이 아니라 결과다. 행복은 그 자체를 추구할 때 느껴지는 것이 아니라 정신적·실존적 목표를 이룰 때 나타난다. 용기가 있어야 이 사실을 받아들일 수 있고 행동이 뒤따르게 할 수 있다.

평범하지만 용기 있는 고유한 삶의 기록들이 일상을 사는 우리에게 감동과 교훈을 줄 수 있다. 세상을 존재하게 만드는 것은 평범한 우리 자신이며, 우리의 죽음을 통해 새로운 생명과 인류가 이어진다. 세상을 존재하게 해온 평범한 삶의 기록이 암울해 보이는 세상에 희망을 줄 수 있다. 평범한 삶이 위대하다. 평범한 우리가 잘살아야 하는 이유다.

암 환자, 암 환자 가족, 일반인, 의료진 10명 중 9명이 '남은 삶을 베풀 수 있도록 준비할 수 있어야 한다'는 인식에 대해 공감했으며, '두려움과 고통보다 삶의 완성으로 기억돼야 한다'는 데 대해서도 90% 가까이 긍정했다. 나는 완성된 삶이 살아있는 이들의 삶 속에 밸 수 있도록 베풀고 떠나는 삶이 가장 행복하다고 믿는다. 그것이 진정 인간적인 삶이라고 생각한다.

내가 먼저 인생의 기쁨을 찾고 자신의 인생이 다른 사람에게 기뻠을 줄 수 있다면 천국에 갈 수 있지 않을까? 그래야 고대 이집트인들의 믿음처럼 하늘에 간 영혼에게 신이 하는 두 질문에 겸손하게 "그렇습니다"라고 말할 수 있을 것이다. 내게 인생의 기쁨을 줬고, 내가 기쁨을 준 사람들과의 인연과 추억이 우리가 인생을 살아갈 용기와 희망의 자양분이다. 그렇게 우리는 서로의 삶 속에 살아있는 것이다.

《닥터 지바고》의 작가 보리스 파스테르나크의 "유명해진다 함은 추한 것이다"라는 말처럼, 세상이 부여하는 의미로 유명한 사람이 된다는 것은 오히려 자신의 고유한 가치를 잃어버리는 것과 같다. 다른 사람들이 알아주는 가치보다 내가 스스로 부여하는 가치가 훨씬 더 중요하다. 죽음을 기다리는 과정에서도 행복과 유머가 있고 삶의 진정한 의미를 발견할 수 있다. 개개인의 삶이 소중한 가치를 가지며 고귀한 존재, 한 사람 한 사람의 실존적 가치가 드러나는 작품이 될 수 있다. 그 가치는 '남겨진 여백'처럼 지금이 아닌 후대의 삶의 흔적에서 가치를 발할 것이다.

천국의 문을 두드릴 때 두 가지 질문에 대답할 준비가 됐는가? 의미 있는 삶을 살았을 때 우리는 기쁨을 얻을 것이며, 아름다운 마무리가 될 때 남은 사람들에게 기쁨을 줄 수 있을 것이다. 두려움과 절망 속에 빠져 있다는 생각이 든다면 더욱 나 자신을 잊고 남은 이들에게 몰입해 가진 모든 것을 넘기고 맡기자. 그들이 떠나는 우리의 삶에 가치를 채워줄 것이고, 우리는 그들에게 기쁨을 줄 것이며, 우리는 그들에게서 기쁨을 얻을 것이다. 그때 우리는 함께 천국의 열쇠를 들고 천국의 문을 열 것이다.

│ 아름다운 마무리를 위한 추억 만들기 │

죽음을 앞둔 메리 아드킨스 레드먼드라는 여성이 있었다. 호스피스 병동 침대에 누워 있는 메리 옆에서 한 남성이 찬송가를 열심히 불렀다. 죽기 전 〈주 하느님 지으신 모든 세계〉를 듣고 싶다는 그녀의 마지막 소원이 이뤄진 것이었다.

메리는 미국 오하이오 주 오스틴버그에서 스튜디오를 운영하며 피아노와 노래를 가르친 음악 선생님이었다. 메리가 머무는 호스피스 병동의 직원 조슈아는 그녀가 어릴 적 자신의 선생님이라는 사실을 알고 선생님의 마지막 소원을 들어주기로 결심했다. 그 순간을 메리의 아들 부부가 카메라에 담았다. 메리의 사연은 페이스북을 통해 공개됐다.

조슈아는 최선을 다해 찬송가를 불렀다. 메리는 며칠 후 평온

하게 세상을 떠났다. 메리와 조슈아의 인연처럼 평범한 사람들의 이야기는 우리에게 행복을 확인시켜준다. 평범한 삶 자체가 감동과 교훈을 주는 것이 아니라, 삶 속에 숨어 있는 가치를 발견하고 재해석해 의미를 부여할 때 빛나는 전설이 되는 것이다. 우리가 평범한 삶 속에서 베푼 배려와 돌봄이 자신 그리고 세상 사람들에게 행복으로 돌아간다. 자신의 삶이 뿌린 아름다운 인연 속에 살아가는 것이다.

앞서 확인했듯이 대부분 사람은 죽음을 맞이할 때 '좋은 죽음'으로 두 가지를 가장 중요하게 여긴다. 하나는 '가족에게 부담 주지 않는 것'이고 하나는 '가족이나 의미 있는 사람이 함께 있는 것'이다. 이 두 가지만 이뤄도 행복한 죽음을 맞이할 수 있다. 죽음을 맞이할 때 내가 떠나더라도 남아 있는 사람들이 슬퍼하지 않고 기쁘게 나를 보내줄 수 있으며, 참 잘 살았고 의미 있었고 행복한 순간이었다고 말해줄 수 있기를 기대한다. 내 삶이 아름다웠다고 생각해주기를 바란다.

세상을 떠날 때만큼은 사랑받는 존재로서 고통 없이 인간적으로 존중받으며 품위를 지키는 것은 우리가 누려야 할 당연한 권리다. 행복추구권의 마지막 기회다. 그러기 위해서는 인생을 아름답게 마무리할 수 있는 추억 만들기가 필요하다. 우리는 누구나 마지막까지 가치 있는 삶을 살고 싶어 한다. 떠나야 한다면 의미 있는 죽음이기를 원한다. 다음 세대의 더 나은 삶에 기여하면서 기꺼이 자리를 비워주는 것, 그래서 우리 삶의 연속성을 그들에게 맡기는 것이다. 지금의 삶이 끝이 아니라 누군가의 삶으로 이어지는 것이며, 사랑하는 사람들의 삶 속에 존재한다는 믿음과 사랑을 가진 채 세상을 떠날 수 있다면 그것이야말로 아름다운 죽음이다.

그래서 마지막에 어떻게 기억되고 남을 것이며 어떻게 기억하느냐가 정말로 중요하다. 세상을 떠나기 전에 용서하고 베풀고 이해하며, 고맙고 사랑한다고 말할 수 있는 기회가 필요하다. 그러기 위해서는 누구에게나 예고된 죽음을 기다리는 시간을 어떻게 보내느냐가 너무나도 중요하다. 누군가의 죽음이 우리 인생을 통째로 변화시키기도 한다.

이와 마찬가지로 우리가 떠날 때 어떤 모습으로 무엇을 남길지, 어떤 존재로 기억될지 생각해야 한다. 지금 우리 곁에 있는 사람들, 멀리 떨어져 있는 사람들과 기억에 남을 추억을 만들자.

나는 품위 있게 죽고 싶다

| 주도적인 죽음 준비 |

죽음은 아픔이고 고유한 존재를 상실하는 슬픔이지만, 그 과정과 결과는 삶을 어떻게 마무리하느냐에 따라 기쁨과 감동을 줄 수 있다. 전문가의 도움으로 평범함 속에서 독특한 삶의 향기를 느낄 수 있고, 삶의 숨은 진주를 발견할 수도 있으며, 다이아몬드처럼 빛나도록 다듬어질 수도 있다.

말기 환자만이 아니라 건강한 사람도 언젠가는 모두 죽는다. 시간적 차이가 있을 뿐이다. 누구나 죽음을 앞두게 되면 불안과 공포를 느낀다. 삶을 아름답게 마무리하기 위해서는 죽음을 종말이 아닌 삶의 완성으로 승화하려는 사고의 전환이 필요하다. 죽음은 소멸로 끝나는 것이 아니라 우리와 다른 생명 속에 영원히 존재하는 불멸의 과정이다. 우리 몸의 세포는 새로운 세포가 태어나면 이전 세포는 퇴화해 죽는다. 자신들이 차지하고 있던 자리를 새로운 생명에게 내어주는 것이다. 인간의 생명도 이와 마찬가지다. 우주라는 공간에서 새로운 생명에게 자신의 자리를 내어주는 것이 죽음이다. 삶을 잘 정리하면 죽음은 끝이 아니라 사랑하는 사람들 사이에서 이어진다. 인간의 한계를 겸허히 수용하고 죽음의 의미를 다시 생각해보는 것은 남은 삶을 완성할 의미를 부여해

줄 것이다.

인간은 결국 죽는다. 그러나 죽고 싶은 사람은 아무도 없다. 그런데도 살아있는 고통이 더 클 때는 떠나고 싶어 한다. 그때는 너무 늦다. 제대로 준비하기 어려울 수도 있다. 그러니 살면서 한 번쯤은 자신이 무엇을 위해서 태어났는지 고민하고 정리해 삶에 의미를 부여할 시간이 필요하다. 왜 태어났는지, 어떻게 태어났는지, 왜 살아야 하는지, 어떻게 살아야 하는지를 생각해보고 답을 찾아야 하겠지만, 모든 삶은 죽음을 통해서 완성된다.

처음과 중간은 잘 모르더라도 마지막에 죽음으로 삶에 의미를 부여할 수 있다면 모든 것이 설명될 수 있을 것이다. 삶이라는 작품을 완성하기 위해서는 삶을 해석하고 의미와 가치를 부여하는 시간이 필요하다.

하지만 아직도 수많은 사람이 준비가 안 돼 있다. 나중으로 미루거나 전혀 생각조차 하지 못한 사람들도 있다. 한 번은 꼭 해야 할 일이다. 미루고 미루다가 시작했지만 마무리를 하지 못하고 떠나는 경우도 있다. 비록 미완성일지라도 슈베르트의 '미완성 교향곡'이 그지없이 아름답듯이 그 노력은 자신에게나 사랑하는 사람들에게 아름다운 일이다. 그렇지만 너무 늦지 않아야 한다. 빠를수록 좋다.

언제든 찾아올 수 있는 죽음에 대한 준비는 미리 할수록 좋다. 다만 그 현실을 받아들일 용기, 사람들과 세상에 대한 사랑, 죽음 이후에 대한 희망이 있는지 자문해봐야 한다. 죽음을 생각하는 것 자체가 용기와 사랑과 희망을 가져다줄 것이다. 은퇴 후의 삶을 준비하는 것을 '인생 이모작'이라고 부르듯이, 죽음을 준비하고 베풀기 위한 '인생 삼모작'을 준비해보자.

'버킷리스트'가 죽기 전에 꼭 하고 싶은 것들이라면, 내가 남길 정신적 유산을 정리하는 '레거시리스트(legacy list)'도 필요하다. 인생을 잘 마무리하고 살아온 삶에 의미를 부여해 남은 사람들에게 인생에 대한 용기와 사랑과 희망을 줄 수 있는 자신만의 고유한 전설을 남기기 위해 해야 할 것들이다.

제6장

의료 집착에서 삶의 완성으로

환자의 죽음을 막기 위한 치료를 포기하는 것은 의사의 의무에서 벗어나는 일이다. 그렇기에 의사는 할 수 있는 모든 검사와 치료를 끝까지 다하려고 한다. 그러나 불치의 병에 걸려 더는 치료 효과가 없고 오히려 환자의 고통을 악화시키는 상황이 된다면, 다시 말해 환자의 삶이 얼마 남지 않은 순간이 되면 치료 방향을 전환해야 한다. 이는 환자 본인과 가족에게도 중요하다. 살 수 있다는 희망의 끝을 놓고 싶지 않아서 마지막까지 연명의료만 받다가 작별 인사도 하지 못하고 기계에 매달린 채 세상을 떠나는 환자들이 많다. 이것이 '의료 집착'이다.

암 환자에게 항암 치료를 하다 보면 완치가 되는 경우도 있지만, 처음에는 효과가 있는 듯하다가 몇 차례 반복하면 더이상 효과가 없는 시점이 온다. 이때는 새 항암제 투여를 시도하게 되는데, 그 역시 반응을 보이지 않는 시점이 다시 오게 된다. 이때는 즉시 항암 치료를 중단해야 한다. 항암 치료 중 환자 상태가 악화해 합병증으로 폐렴에 걸리고 패혈증에 빠져 인공호흡기를 부착해 중환자실로 옮겨야 하는 상황도 온다.

불행히도 전이가 있는 암 환자 4명 중 3명은 5년 내 사망한다. 전이가 있는 경우라도 암 종별로 갑상선암은 60%, 전립선암은 45%, 유방암은 40% 치료율을 보이지만, 위암은 6%, 간암은 3%, 담낭 및 담도암은 2.5%, 췌장암은 2%에 불과하다. 결국 심정지가 발생해 심폐소생술을 하지만 사망한다. 가족과 마지막 인사도 못하고 떠나게 되는 것이다.

그제야 가족은 차라리 환자와 삶을 잘 정리하고 함께할 수 있는 시간을 가졌더라면 하고 후회한다. 살리기 위해 최선의 치료를 해야 하는 와중에 왜 치료가 실패했을 때를 미리 생각하느냐며 못마땅해할 수도 있을 것이다. 그렇지만 합리적 인간이라면 현명한 판단과 결정을 위해 최악의 상황을 미리 대비하고 있어야 한다. 그래야 후회하지 않는다. 그래서 환자가 나쁜 소식을 듣고 싶어 하는지 꼭 물어야 한다. 환자와 가족의 상태에 맞춰 말을 언제 어떻게 꺼내야 하고 어떻게 풀어가야 할지 전문가의 도움도 필요하다. 체계적 완화의료와 상담이 항암 치료 중 제공되면 삶의 질과 죽음의 질이 향상될 뿐 아니라 생존 기간까지도 늘린다는 연구 결과도 많이 있다.

항암 치료에도 불구하고 더욱 악화해 장 폐색이 발생한 한 70대 초반 여성 대장암 환자가 있었다. 그는 항암 치료보다 증상 완화를 원했다. 우리는 진통제로 통증 조절을 하면서, 식사가 불가능하기에 영양제와 수액을 주사로 공급했다. 이 환자는 거동하지 못하고 자발적으로 음식도 먹지 못했다. 남편이 간병하면서 장루로 흘러나오는 변을 기꺼이 치우셨다. 두 분 사이가 정말 좋았고, 죽음이 다가오고 있다는 사실을 편안하게 받아들이고 서로에게 감사해하는 모습이 무척 아름다웠다.

끝까지 포기하지 않고 최선을 다하는 것, 그것이 자식 된, 배우자 된, 의사 된 도리라는 인식이 아직 지배적이다. 당연히 끝까지 최선을 다하는 게 도리다. 회복 가능성이 있을 때 말이다. 생명을 살릴 수 있고, 생존 기간을 연장할 수 있으며, 고통을 줄일 수 있다면 최선을 다해야 한다.

그러나 치료가 통하지 않고, 죽음의 시점만 연장하며, 고통만

　나는 품위 있게 죽고 싶다

초래한다면, 무의미한 치료보다는 인간으로서 피할 수 없는 죽음을 받아들이고 삶을 정리하면서 서로 용서하고 사랑을 나누는 의미 있는 시간으로 승화하는 것이 최선이다.

| 좋은 죽음이란 무엇인가 |

암 환자와 그 가족 그리고 의료진 및 일반인을 대상으로 '좋은 죽음' 10가지를 설문 조사한 적이 있다. 2016년 전국 12개 병원과 대한의사협회를 통해 '좋은 죽음의 10가지 조건'에 대한 의견을 물었다. 10가지로 제시한 좋은 죽음 가운데 암 환자의 22.4%와 일반인의 27.7%는 '가족에게 부담 주지 않는 것'을 가장 많이 선택한 반면, 암 환자 가족의 25.9%는 '가족이나 의미 있는 사람이 함께 있는 것'이 가장 중요하다고 응답했다. 특히 '가족에게 부담 주지 않는 것', '가족이나 의미 있는 사람이 함께 있는 것', '주변정리가 잘 마무리되는 것'이라는 세 가지 조건이 의사를 제외한 세 집단의 70%에서 가장 중요한 요소로 꼽혔다. 그런데 의사의 27.8%는 '지금까지의 삶이 의미 있게 생각되는 것'을 가장 중요시했다.

의학 기술의 발전으로 생명 연장이 가능해졌어도 죽음은 피할 수 없는 일이다. 점차 '좋은 죽음'이 의학의 중요한 목표로 인식되고 있으며 완화 및 임종 돌봄에 필수적이다. 삶의 마지막 과정에 있는 환자가 좋은 죽음을 경험할 수 있게 하려는 노력은 의사, 가족, 사회 전체에 가치 있는 활동이다.

좋은 죽음에 대한 개념은 사회학과 심리학 등 학계에서뿐 아니라 미국, 영국, 일본, 대만 등 국가 차원에서 탐구해왔다. 미국 의학연구소는 좋은 죽음을 "환자 및 가족이 통증과 고통으로부터 자유로우며, 환자와 가족의 희망에 따르면서도 임상적·문화적·윤리적 기준에 합당하게 일치하는 것"으로 정의하고 있다.

미국은 좋은 죽음을 '고통으로부터의 자유', '영적인 안녕 상태', '가족이 함께 있을 때'로 보는 경향이 강했고, 일본은 '신체적·정신적으로 편안하게', '희망하는 곳에서', '의료진과의 좋은 관계'를 중시했다. 영국은 '익숙한 환경에서', '존엄과 존경을 유지한 채', '가족이나 친구와 함께', '고통 없이' 죽는 것을 좋은 죽음으로 보고 있다.

2004년에 우리나라에서 처음으로 '좋은 죽음'에 대한 설문 조사를 진행할 때와 비교한다면, '가족에게 부담 주지 않는 것', '가족이나 의미 있는 사람이 함께 있는 것'처럼 가족과의 관계를 여전

나는 품위 있게 죽고 싶다

히 중시하고 있지만 그 비율은 다소 줄었다. 반면 '주변 정리를 잘 마무리하는 것', '고통으로부터의 자유', '지금까지의 삶이 의미 있게 생각되는 것'의 중요도가 올라갔다. 이는 서구에서 죽음의 개인적 차원을 중요시하는 것과 유사한 현상으로 풀이된다. 우리 사회도 '좋은 죽음'에 대한 사회적 논의를 통해 목표를 세우고 이를 구현할 수 있는 정책과 문화 패러다임 전환이 절실히 필요한 시점이 됐다.

이 연구 결과를 통해 좋은 죽음은 '문화적 가치'에 영향을 받는 개념임을 알 수 있다. 미국 등 서구 사회에서는 '고통으로부터의 자유'를 좋은 죽음의 가장 중요한 조건으로 여기고 있다. 수많은 환자가 삶의 끝에 이르러 심각한 고통을 겪는다. '고통으로부터의 자유'는 미국 및 일본의 초기 연구에서 좋은 죽음의 핵심 요소 중 첫 번째 또는 두 번째로 많이 선택됐다.

하지만 국내 설문 조사 결과 암 환자, 암 환자 가족, 일반인에서는 네 번째에 해당했으며, 의사 집단에서는 여섯 번째에 해당해 중요도가 높지 않았다. 우리나라에서는 가족을 최우선시하고 있음을 알 수 있다. 그리고 좋은 죽음에 대한 관점에서 의사 집단은 다른 집단과 달리 '지금까지의 삶이 의미 있게 생각되는 것'을 가장 중요시했지만 암 환자, 암 환자 가족, 일반인에서는 이 조건이

다섯 번째에 불과했다.

2021년 우리 연구팀은 좋은 죽음의 조건에 관한 대국민 설문 조사를 또다시 진행했다. 마찬가지로 '가족에게 부담 주지 않는 것(37.0%)'과 '가족이나 의미 있는 사람이 함께 있는 것(24.6%)', '주변 정리가 잘 마무리되는 것(16.5%)', '고통으로부터의 자유(10.5%)', '지금까지의 삶이 의미 있게 생각되는 것(4.6%)' 순으로 중요하다고 응답했다. 2004년 및 2016년 결과와 유사하게 좋은 죽음에서 가족을 중시하는 경향이 나타났다. 그런데 '주변 정리를 잘 마무리하는 것', '고통으로부터의 자유', '지금까지의 삶이 의미 있게 생각되는 것'의 중요도 비중은 2016년 결과보다도 다소 높아졌다.

이는 좋은 죽음을 바라보는 시각이 개인을 중시하는 쪽으로 확실히 이동하고 있음을 나타낸다. 이와 같은 시대적 변화에 민감하게 대처해야 한다. 정부, 관련 기관, 언론, 시민사회, 학계는 우리 국민의 죽음 현황을 점검하고, 이 연구 결과에서처럼 가족의 부담을 줄여주고, 삶의 마지막을 가족과 함께 머무를 수 있게 해주며, 주변을 잘 정리하고, 의미 있는 삶으로 기억될 수 있도록 실질적 대책을 마련해 구체적으로 실현코자 노력해야 할 것이다.

나는 품위 있게 죽고 싶다

| 환자에게 선택의 기회를 |

보통 말기 진단을 내리는 시점에서 남아 있는 시간을 6개월 정도로 본다. 그러나 절반이 3개월 내 사망한다. 어떤 환자는 1개월을 넘기지 못하기도 한다. 그 짧은 시간 동안 의학적으로 검증되지 않는 방법을 동원해 지속해서 치료하면, 대부분 부작용으로 인해 응급 상황이 발생하고 중환자실에서 인공호흡기 등에 의존해 죽음을 기다리게 된다. 계속 강조하지만 불가항력적인 죽음의 단계로 진입한 상태에서의 연명의료, 즉 의료 집착은 의미 있는 삶을 연장할 수 있는 방법이 아니다. 기계에 매달린 채 고통스럽고 비참한 죽음을 맞게 되는 고문과 다를 바 없다.

말기 환자에게 응급 상황이 닥치면 담당 의사가 달려오고, 그 뒤의 과정은 끔찍하다. 심폐소생술을 시행하고 심장제세동기(심장충격기)를 사용하면서 말 그대로 사투를 벌인다. 이 과정이 몇 시간 동안 계속된다. 환자와 가족에게는 정확한 정보가 중요하다. 그러나 투병 의지를 꺾는다는 이유로 환자에게 직접 통보하는 것을 싫어한다. 결국 환자는 자신이 죽으리라는 사실을 모른 채 삶을 마감한다. 환자의 선택권은 사라지고, 사랑하는 이들에게 마지막으로 하고 싶은 이야기들을 하지 못한 채 작별하며 눈물만 남게 된다.

물론 선택은 환자에게 달려 있다. 나라면 어떤 선택을 할 것인지 생각해야 한다. 그렇지만 어느 시점에 어떤 선택을 할 것인지 객관적으로 확신하기란 어려운 일이다. 그래서 현명한 선택을 할 수 있도록 돕는 전문가가 필요하다. 전문 지식과 환자의 가치관 그리고 주변 상황을 고려해 몇 가지 선택 가능한 시나리오를 제시함으로써 환자와 가족이 의료진과 상의해 결정할 수 있도록 해준다. 개인적 선택과 의료진의 조언보다 선행돼야 할 것은 의료 제도와 문화다. 전문가가 이른바 '사전돌봄계획(advance care planning)'을 제공하는 것이 의료 제도로 정비돼 있고, 그 과정이 자연스러운 문화로 정착돼 있다면 현명한 선택이 훨씬 수월해진다. 사전돌봄계획은 수개월 내 죽음이 예상되는 시점에 환자가 미리 죽음을 준비하고 앞으로의 치료 방식에 의사결정을 할 수 있도록 도움을 제공한다. 엔딩 노트나 인생 노트 등을 만들어 그간의 인생과 남은 삶, 죽음에 대한 생각을 정리하고 자연스럽게 가족과 대화하는 과정도 포함한다면 큰 도움이 될 것이다.

빈부격차나 사회적 지위를 떠나 우리 국민이라면 누구나 삶을 잘 마무리할 수 있도록, 품위 있는 죽음을 맞이할 수 있도록 시간을 확보해줘야 한다. 생활하던 집 또는 편안하고 분위기를 갖춘 공간에서 의료진이 지속적인 돌봄을 제공해 통증을 관리하고, 먼 길 떠나기 전 가족 및 사랑하는 사람들과 함께 시간을 보내면서 삶을 정리하고 의미를 부여해 죽음을 삶의 완성으로 승화할 수 있게 하는 제도가 필요하다. 죽음을 터부시하는 문화가 아닌 삶의 일부로 받아들이는 웰다잉 문화로 바꾸는 계기가 될 것이다. 국민 모두 일생에 단 한 번 이용할 수 있는 제도다.

| 고독사는 더이상 남의 일이 아니다 |

'고독사'에 대한 기사를 검색하면 2006년 12월 28일 〈뉴시스〉의 "독거 노인 '나홀로 죽음(고독사)' 해결될까?"가 가장 오래된 기사로 나온다. 이 기사에 따르면 2000년 본격적인 고령화 사회로 접어든 이후 2006년 추산 독거 노인은 78만 명에 이른다. 당시 정부는 독거 노인 도우미 파견사업을 추진한다고 했지만, 정부예산안 233억 원으로 도우미 파견이 가능한 독거 노인 수는 20만 명뿐이었다.

2018년 정부는 2022년까지 171만 명으로 늘어날 독거 노인 중 90만 명까지 돌봄 서비스를 제공하겠다고 발표했다. 통계청은 1

인 노인 가구가 2015년에는 138만 가구, 2025년에는 225만 가구로 늘어난다고 추정했다. 고독사 등 홀로 사는 노인 문제가 심각한 사회 문제로 부각할 것이다. 정부 예산에만 의존해서는 해결되지 않는 심각한 문제다.

독거 노인 돌봄도 중요하지만, 이들이 홀로 쓸쓸하게 맞이할 죽음도 헤아려야 한다. 이들에게 품위 있는 죽음은 꿈만 같은 이야기다. 2014년 11월, 한 68세 남성이 사후 자신의 시신을 수습할 이들에게 감사의 뜻으로 국밥 한 그릇이라도 챙겨 먹으라며 10만 원을 남기고 자살했다. 장례비로는 100여만 원을 따로 남겼다. 모두 110만 원의 돈을 살아있을 때의 자신을 위해 쓰지 않고 죽음 이후를 위해 남겨뒀다. 독거 노인들에게는 혼자인 삶보다 죽음 이후가 더 두려울지 모른다. 안타깝기 그지없다.

고독사로 떠난 노인들을 위해 장례식을 치러주는 단체가 있다. 무연고자 장례 지원 단체 '나눔과나눔'이 대표적인 곳이다. 그늘진 곳에서 떠난 이들을 위해 인간적인 챙김을 베푸는 밝은 사람들이다. 감사한 일이다. 홀로 사는 노인들은 지금도 고달픈 삶을 살지만, 죽어서도 편히 누울 수 없는 현실 때문에 '죽음 이후'는 생각조차 하기 싫을 것이다. 인간은 누구나 평등하게 죽는다고 하지만 고독사를 생각하면 절대로 평등하지 않다. 하지만 개인의 문

　　　　　　　　　　나는 품위 있게 죽고 싶다

제로 치부하고 무관심해버리면 곧 나 자신의 문제가 된다. 세상을 홀로 떠날 수밖에 없을지라도 준비된 죽음, 품위 있는 죽음을 위해 자신과 우리의 문제로 함께 해결하려는 노력이 필요하다.

부모 부양이 꼭 자식의 문제인지에 대해서도 생각해봐야 한다. 2019년 5월에 한국보건사회연구원이 발표한 2002~2018년 통계청 사회조사 분석 보고서에 따르면 부모 부양을 바라보는 관점에 큰 변화가 나타나고 있다. 부모 부양의 책임은 가족에게 있다고 응답한 비율이 2002년에는 70.7%였으나 2018년에는 26.7%로 대폭 감소했다. 반면 사회가 책임져야 한다는 비율은 19.7%에서 54.0%로 급증했다. 효(孝)를 기반으로 하는 가족주의가 사그라들고 있는 사회적 변화를 실감할 수 있다. 이런 변화에 걸맞은 사회적 대응과 정책이 마련돼야 한다.

일본의 경우 이미 100세 시대라지만 매년 약 130만 명이 고독사로 사망해 심각한 사회적 문제가 되고 있다. 일본 국립인구문제 연구소에 따르면 2015년 고독사 인구는 129만 명이었고, 매년 증가해 2020년 141만 명, 2030년 160만 명, 2040년 168만 명으로 추정된다. 〈아사히신문〉이 전국 18세 이상 성인 남녀 2,038명을 대상으로 실시한 설문 조사 결과 전체의 50%가 "고독사할까봐 걱정된다"고 응답했다. 이는 2010년 조사보다 13%포인트 늘어난 수치였다.

일본 통계청은 현재 고령자 1인 가구가 전체 고령자 가구의 3분의 1을 차지하고, 2045년에는 371만 가구가 될 것으로 전망했다. 독거 노인의 죽음을 아무도 모른 채 며칠 몇 달이 지나서야 드러나는 고독사가 늘고 있다. 심각한 사회 문제다. 엄청난 고독사 쓰나미가 밀려올 것이다. 독거 노인의 사회적 부양, 고독사 방지와 같은 포괄적 복지뿐 아니라 노후 설계도 국가와 사회가 책임져야할 상황이다. 그렇다고 모든 것을 정부 및 지자체의 세금만으로 해결할 수는 없다. 사회 자산 확보와 기부 문화 활성화가 필요하다. 민간 영역에서 재원을 만들고, 독거 노인들을 공동 부양하는 자원봉사 활동도 활발해져야 한다.

일본에서는 고독사가 증가하자 '고독사 보험'이 출시됐고, 고인의 유품을 정리해주는 '특수 청소업'이 호황을 누렸다. '슈카쓰(終活, 종활)'도 활발하다. 슈카쓰란 '자기 스스로 할 수 있을 때 인생의 끝을 준비하는 활동'으로, 노인들의 '임종 준비 활동'을 말한다. 자신의 장례 준비, 연명의료 선택, 재산 상속 정리, 가족·친구들에게 남길 메시지 등을 미리 준비한다. 슈카쓰 페어도 열린다. 임종에 필요한 각종 도구를 전시하고 재산 정리, 장례식, 묘지 비용 등에 대한 상담과 웰다잉 프로그램을 진행하는 전람회다.

나는 품위 있게 죽고 싶다

자신이 살아온 삶의 역사를 책으로 엮는 출판 서비스도 인기를 끌고 있다. 신문사에서 취재하듯이 의뢰인을 인터뷰한 내용을 편집해 '나의 역사(自分史)'라는 제목으로 출판한다. 갑작스러운 죽음에 대비해 자신의 삶을 기록으로 남기고 싶다는 욕구는 누구에게나 있을 것이다. 이런 욕구를 승화하면 가족, 후손, 친구들 또는 알지 못하는 사람들에게도 정신적 유산으로서 교훈이 될 수 있을 것이다. 이 부분에 관해서도 좋은 기획과 전문가가 필요하다.

앞서 살폈듯이 우리나라 국민은 품위 있는 죽음과 아름다운 마무리의 조건으로 '가족에게 부담 주지 않는 것'을 가장 중요시한다. 두 번째로는 임종의 순간에 '가족이나 의미 있는 사람이 함께 있는 것'을 꼽는다. 우리나라에서도 가족에게 부담 주지 않기 위해 자신의 임종을 미리 준비하는 문화가 시작되지 않을까 예상해 본다.

다행히 관련 법은 마련돼 있다. '고독사 예방 및 관리에 관한 법률(고독사예방법)'이 제정돼 2020년 3월 31일부터 시행됐다. "고독사 예방 및 관리에 필요한 사항을 규정함으로써 고독사로 인한 개인적·사회적 피해를 방지하고 국민의 복지 증진에 기여함"이 이 법의 목적이다. 고독사에 대한 실태 조사, 통계 분석, 조사 연구 및 고독사 위험군에 대한 지원 대책과 예방 활동을 포함한다. 정확한 통계에 근거한 예방 대책이 나오리라고 기대한다. 그런데도 법률과 정부 정책만으로는 고독사 위험을 줄이는 데 한계가 있다. 국민적 관심과 더불어 민간단체 및 기업들의 협조와 참여가 매우 중요하다.

│ 공동 부양으로 막는 고독사 쓰나미 │

2018년 4월, 제주를 제외한 전국 만 20세 이상 성인 남녀 1,200명을 대상으로 유산 기부와 공동 부양 등에 대한 일대일 가구 방문 조사가 진행됐다. 공동 부양 필요성에 대해서는 89.5%가 공감했다. 유산 기부는 절반 이상(54.5%)이 긍정적이었다. 특히 적정 유산 기부 비중에 대해서는 평균 6.9% 수준이 적절하다고 봤다. 6~11%라고 응답한 비율이 21%로 가장 높았으며, 이어 4~5%(19.1%), 2% 미만(10.8%), 2~3%(10%), 11~20%(9%), 21% 이상(4.9%) 순이었다.

인구 특성에 따른 차이를 보면 공동 부양에 대해 연령대가 높을수록 공감하는 비율이 높아 60대 이상 93.5%가 공감했다. 큰 도시에 거주하는 시민일수록 더 크게 공감했다. 반면 월 소득 600만

나는 품위 있게 죽고 싶다

원 이상인 집단에서는 공감 비율이 가장 낮은 82.9%로 나타났다.

유산 기부에 대한 인구 특성에 따른 차이를 보면 연령대로는 큰 차이를 보이지 않았으나 60대 이상이 57.4%로 가장 공감했다. 거주지에 따라서는 중간 도시에 거주하는 시민이 더 공감했다. 소득별로는 중소득층에서 저소득층이나 고소득층에 비해 공감 비율이 더 높았다.

유산 기부 활성화를 위한 효과적인 방식에 대한 질문에서는 기부금 수혜 및 관리 단체의 투명성과 신뢰도 제고를 가장 많이 꼽았다. 유산 기부의 활용 방안에서는 '독거 노인을 위한 공동 부양'과 '웰다잉 문화 지원 사업'이 높은 선호도를 나타냈다. 이는 유산 기부를 활용해 고독사 예방과 웰다잉 문화를 만들어가는 정책 개발의 필요성을 시사한다.

우리나라는 유산 기부 비중이 전체 기부금의 0.5% 수준이다. 기부 선진국에서는 유산 기부가 흔한 일이다. 미국은 전체 기부금의 9%가 유산 기부이며, 영국에서는 33%나 차지한다. 유산 기부는 "미리 설정한 계획에 따라 재산의 소유자가 사망 시점에 상속 재산의 전부 또는 일부를 기부하는 것"을 의미한다. 현재 우리나라의 유산 기부 규모를 정확히 파악하기는 어렵지만, 선진국에 비해 극히 미미한 수준으로 추정된다. 2016년 국세청 기준 전체 기부금이 12조 원대에 달하는 등 양적으로는 큰 성장을 이뤘으나, 2009년 국세청 발표 자료를 근거로 추정해보면 전체 기부 중 유산 기부 비율은 0.5% 정도다.

　원혜영 의원의 요청으로 국회입법조사처 정재환 입법조사관이 '유산 기부에 관한 연구 의뢰' 보고서를 제출한 적이 있다. 이 보고서에 따르면 2010년 6월 세계적인 부자 빌 게이츠와 워런 버핏이 주도해 시작한 '더기빙플레지(The Giving Pledge, 기부 서약)' 캠페인이 유산 기부 문화를 확산하고 있다. 물론 이 서약에 법적 구속력은 없다. 다만 후손이 이 서약을 지키도록 홈페이지에 자신의 재산 기부 의사를 밝힌 서한을 공개한다. 최근 배달의민족 앱으로 유명한 우아한형제들의 김봉진 대표가 서약해 더기빙플레지 219번째 회원이 됐고, 카카오 김범수 의장도 220번째 회원에 등재됐다. 2019년 2월 현재 22개 국가에서 모두 189명이 서약했다. 영국도 2011년 11월부터 기업가 롤랜드 러드가 유산의 10%를 자선단체에 기부할 것을 서약하는 '레거시 10(Legacy 10)' 캠페인을 전개했다. 한국에서도 2013년부터 사회복지공동모금회를 중심으로 유산 기부 운동이 시작됐다. 하지만 참여율은 매우 저조하다. 사회복지공동모금회에 따르면 약정 계약을 맺은 사람은 2018년 12월 기준 총 47명이며, 기부액은 약 159억 원이다.

2018년에는 약정한 사람이 한 명도 없었다.

그래도 국민 절반 이상(54.5%)은 사회에 유산을 기부할 의사가 있으며, 유산 기부 비중은 평균 6.9% 수준으로 나타났다. 2021년 국세청 발표에 따르면 총상속재산가액 전체 규모가 2000년 3조 4,134억 원에서 2020년 21조 4,779억 원으로 6배가량 늘었다. 2020년 기준 상속액 중 유산 기부율로 유산 기부액을 추정해보면 약 1조 4,819억 원이다. 유산 기부에 대한 높은 사회적 관심에 비해 기부 방법에 대한 정보는 턱없이 부족한 형편이다. 유산 기부 의사가 있더라도 이를 수용할 수 있는 공식적 절차가 없기 때문이다. 기부를 희망하는 사람들이 쉽게 다가갈 수 있고 신뢰할 수 있도록 편리성과 투명성을 갖춘 시스템을 만든다면 유산 기부는 얼마든지 늘어날 수 있다.

우리나라도 기부 유산 활용 방안 중 가장 큰 비중으로 제시된 '독거 노인을 위한 공동 부양'과 '웰다잉 문화 지원 사업'을 위한 '웰다잉, 웰기빙(Well-dying, Well-giving)' 캠페인을 시작하자. 얼마 전 창립한 웰다잉문화운동과 사회복지공동모금회 그리고 언론사들이 함께 홍보하고 캠페인을 전개하는 것도 좋은 방법이다. 연명의료결정법으로 법적 효력을 갖게 된 사전연명의료의향서 작성 시 유산 기부 의향을 밝히게끔 연계하는 것이 가장 현실적인 대안이다. 유산 기부에 대한 공감대를 만들어가고 제도적인 활성화 방안을 마련한다면 독거 노인들을 공동 부양할 수 있다.

| 달라져야 할 장례 문화 |

장례 문화도 달라져야 한다. 조문하고 조의금을 전달하는 장례식이 바뀌어야 한다. 관성적으로 진행하는 3일장을 대신해 가족과 친구들이 고인을 기억하고 그 삶을 정리하며 추억을 나누는 시간과 앞으로 어떻게 살아갈지 준비하는 시간으로 활용할 필요가 있다. 이런 변화를 이끌어내기 위해서는 사회적 논의와 캠페인이 필요하다. 전문가들을 활용해 미래지향적인 새로운 한국형 장례 문화를 위한 지침을 마련한다면 큰 도움이 될 수 있다. 최근에는 조의금을 정중히 사절하는 사례도 많이 생기는데, 무조건 사절하기보다는 이와 같은 웰다잉 문화 활동이나 호스피스 기금에 기부하는 것도 좋은 대안이다.

우리 연구팀이 암 환자, 암 환자 가족, 일반인, 의료진을 대상으로 "말기 환자 돌봄 및 장례 문화 정착을 위해 장례 절차를 간소화하고, 환자가 돌아가신 후에는 조의금 대신 환자 이름으로

호스피스 기관에 기부하는 문화에 대해 어떻게 생각합니까?"라
는 질문으로 조의금 기부 문화에 대한 생각을 물은 바 있다. 일반
인의 64.8%, 암 환자의 69.6%, 암 환자 가족의 68.4%, 의료진의
72.2%가 찬성했다. 새로운 장례 문화의 하나로 조의금을 호스피
스 기관이나 웰다잉 문화 활동에 기부하는 변화가 일어나기를 기
대한다.

제7장

내 삶의 마무리를 내가 결정한다는 것

2018년 5월 10일, 스위스 베른의 한 병원에서 '안락사', 정확히 말하면 '의사조력자살(physician-assisted suicide)'을 통해 104세의 호주 생태학자 데이비드 구달 박사가 사망했다. 호주에서는 의사조력자살이 불법이기 때문에 스위스로 건너가 삶을 마감한 것이다. 그는 자신의 사후 어떤 추모 행사나 장례식도 치르지 말고 시신은 해부용으로 기증하게 했다. 구달 박사는 의료진이 마련한 신경안정제가 함유된 주사액이 정맥에 주입되도록 밸브를 스스로 열었다. 죽기 직전 베토벤의 9번 교향곡 〈합창〉에 나오는 '환희의 송가'를 들었다.

1996년 호주에서 시한부 암 환자 4명에게 인류 역사상 최초로 안락사를 집행해 전세계를 발칵 뒤집어놓은 사람이 있다. 필립 니슈케 박사다. 이 사건으로 의사 면허를 박탈당한 그는 2001년 의사조력자살이 합법인 네덜란드로 이주해 안락사를 연구하는 기관 엑시트인터내셔널(Exit International)을 만들었다. 그에 따르면 구달 박사는 병이 아닌 고령을 이유로 의사조력자살을 선택한 최초의 사례다.

생태학의 권위자인 구달 박사는 왕성한 연구와 저작 활동을 하면서 90세까지 건강하게 살았지만, 100세에 접어들면서 급격히 건강이 악화했다. 구달 박사는 자신이 말한 대로 '추하게 늙어가기(ageing disgracefully)'보다 행복한 마무리를 택했다. 그의 선택에 전세계 유수 언론이 큰 관심을 보였고 많은 사람이 공감했다. 2019년 3월 〈서울신문〉은 구달 박사의 의사조력자살이 있은 뒤 한국인 2명이 스위스에서 안락사로 사망했으며, 한국인 107명이 안락사를 기다리고 있다는 내용의 기사를 보도했다. 아울러 전국 성인 남녀 1,000명을 대상으로 실시한 여론 조사 결과 80.7%가 안락사를 찬성하며 반대는 11.4%에 불과하다는 자료를 발표해 우리 사회에 충격을 줬다.

여론 조사가 안락사와 대비되는 죽음에 이르는 다양한 방법을 정확히 이해하고 진행됐는지는 차치하고라도, 안락사를 정면으로 기사화하기란 쉽지 않았을 것이다. 어쨌든 우리 사회에 "품위 있는 죽음이란 무엇인가?"라는 화두를 던졌다는 점은 사실이다.

│ 품위 있는 죽음을 위한 최소한의 절차 │

회복 불능 환자의 연명의료 중단 논란은 1997년 보라매병원 사건이 일어나면서 촉발됐다. 뇌출혈로 수술을 받고 중환자실에 입원해 있던 환자가 아내의 요구에 치료를 중단하고 퇴원한 뒤 사망한 사건이다.

뇌수술로 혈종을 제거했지만 뇌부종 때문에 자가 호흡이 되지 않아 중환자실로 옮겨 인공호흡기를 부착했다. 하지만 얼마 뒤 아내는 치료비를 부담할 능력이 없다며 퇴원을 요구했다. 의료진이 인공호흡기 제거 시 환자가 사망할 수 있다고 설명했지만, 아내의 강경한 요구에 사망 시 이의를 제기하지 않겠다는 서약서를 쓰게 하고 퇴원 조치했다.

그런데 구급차로 환자를 자택으로 이송해 인공호흡기를 떼자 이내 환자는 사망했다. 이에 환자의 여동생이 아내와 의료진을 살인죄로 고발했다. 재판부는 아내에게는 살인죄를, 보라매병원 의료진에는 살인방조죄를 적용해 처벌했다. 이후 의사들 사이에선 환자의 인공호흡기 제거를 극도로 꺼리는 풍조가 생겼다. 회복 불가능한 환자의 가족이 치료 중단과 퇴원을 요구해도 이 사건을 거론하며 요구를 거부했다.

논란이 계속되자 의료계는 회복 불능 환자의 연명의료 중단에 관한 논의를 진행했고, 2001년 11월 대한의사협회가 의사윤리지침 제30조를 마련했다. 적극적 안락사에 대해서는 반대 입장을 명확히 하면서도 회복 불능 환자의 진료 중단은 허용해야 한다는 내용이었다.

의학적으로 회생 가능성이 없는 환자의 자율적 결정이나 그에 준하는 가족 등 환자 대리인의 판단에 의해 환자나 그 대리인이 생명 유지 치료를 비롯한 진료 중단이나 퇴원을 문서로 요구할 경우 의사는 그 요구를 수용할 수 있다. 의사의 충분한 설명과 설득 이후에도 환자 또는 가족 등 환자 대리인이 회생 가능성이 없는 환자에 대해 의학적으로 무익하거나 무용한 진료를 요구하는 경우 의사는 그것을 받아들이지 않을 수 있다.

이 조항은 의료계가 '소극적 안락사'를 도입하려 한다는 오해를 불러일으켰다. 2002년 9월에는 대한의학회에서 〈임종 환자의 연명의료 중단에 관한 대한의학회 의료윤리지침〉 제1보를 발간했다. 이 또한 소극적 안락사로 해석돼 사회적 논의를 이어가지 못했다. 당시 나는 두 의사윤리지침을 작업한 위원회에 참여하고 있었다. 당시 가장 젊은 의사였던 나는 간사 역할을 하면서 의료계 입장을 정리하고 전달했다. 나는 보라매병원 사건에 대한 2002년 대법원 판결과 앞서 언급한 세브란스병원 김 할머니 사건에 대한 2009년 대법원 판결에 대해 잘못임을 지적하는 시론을 쓴 바 있다. 의료 현장에서 치료 중단에 의한 환자의 죽음이 의학적 판단보다 법적 판단으로 이뤄진다면 앞으로도 발생할 수 있는 유사한 사건에 부정적 영향을 미칠 것이기 때문이었다. 나는 2002년 보라매병원 사건 판결의 부당함을 지적할 때 이미 김 할머니 사건과 같은 연명의료 중단 요구 소송이 일어나리라고 예견했었다.

연명의료결정법을 환자의 상태가 나빠지면 연명의료를 중단하는 것으로 오해하는 사람들이 많다. 그러나 중단 가능한 연명의료는 제한돼 있으며, 중단 대상과 시기도 의학적 판단 절차에 따라 엄격히 결정된다. 연명의료결정법을 안락사 허용과 혼동하는

나는 품위 있게 죽고 싶다

사람들도 많다. 분명히 말하자면 아직 우리나라에서 안락사, 즉 의사조력자살은 허용되지 않는다. 일반적으로 '무의미한 연명의료 중단'이라 함은 의도적인 생명 단축이 아닌, 죽음이 임박한 시점에 의학적으로 무의미하다고 판단되는 기계적 호흡 등 생명연장의료를 중단함으로써 자연스러운 죽음을 받아들이는 행위로 정의할 수 있다. 무의미한 연명의료 중단은 현재 연명의료결정법이 허용하는 범위에 해당한다. 품위 있는 죽음, 존엄한 죽음을 위한 최소한의 절차라고 할 수 있다.

드라마나 영화를 보면 의식이 없는 이른바 '식물인간' 상태의 환자가 종종 등장한다. 스스로 음식 섭취를 할 수 없기에 콧줄, 즉 튜브와 주사를 통해 영양분을 주입해 생명을 유지한다. 하지만 뇌사 환자와는 달리 자극에 반응하며, 자발적 호흡은 가능하므로 인공호흡기를 부착하지는 않는다. 그래도 자발적 움직임은 불가능해서 누운 자리에 욕창이 생길 수 있다. 욕창이나 폐렴으로 패혈증에 빠지면 자발적 호흡이 불가능해지고 다발성 장기 손상으로 사망에 이른다. 식물인간 상태에서 이처럼 임종이 임박한 상황으로 진행될 때만 연명의료결정법 절차에 따라 무의미한 연명의료를 중단할 수 있다.

그런데 식물인간처럼 의식이 없는 환자가 아직 임종이 임박하지 않은 상태에서 영양 공급이나 인공호흡기 부착 등 생명 유지에 필요한 치료를 제공하지 않거나 중단함으로써 인위적으로 생을 마치게 하면 '소극적 안락사'가 된다. 소극적 안락사도 현재 우리나라에서는 허용하지 않는다.

안락사란 인간 생명이 회생 불가능하고 죽음에 이른다고 판단될 때 이를 인위적으로 단축해 사망케 하는 행위다. 안락사의 본질은 환자의 죽음을 인위적으로 앞당긴다는 데 있다. 의학계에서는 안락사를 '적극적 안락사'와 '소극적 안락사'로 구분하는데, 흔히 말하는 '안락사'는 가장 논란이 되는 '적극적 안락사'를 일컫는다. 적극적 안락사는 식물인간이나 말기 환자에게 임종이 임박하지 않은 상황에서 의사가 직접 약물을 주입해 죽음에 이르게 하는 행위다. 환자의 고통을 줄여주기 위한 목적이지만 살인 행위와 동일시하는 게 일반적이다. 네덜란드 등 몇 개 국가에서는 불가역적 질병으로 인한 고통이 지속할 경우 환자의 자기결정권을 중시해 이를 허용하고 있다.

의사조력자살은 의식이 있는 환자에게 의사가 약물 등의 수단을 제공해 환자 스스로 생명을 끊는 것을 돕는 행위다. 스위스에서 허용하는 안락사가 의사조력자살이다. 적극적 안락사와 달리 스스로 죽음에 이르는 행위이므로 일종의 자살이라고 할 수 있다. 말기 환자의 통증을 조절하고자 마약성 진통제를 사용했다가, 부작용 때문에 생존 기간이 단축되는 경우가 있다. 그렇지만 정상적인 의료 행위이며 허용된다. 하지만 사망에 이르게 할 목적으로 마약성 진통제를 과도하게 주사하거나 복용토록 하면 적극적 안락사나 의사조력자살에 해당할 수도 있다. 미국 드라마에 가끔 등장하는 장면이다.

존엄사와 소극적 안락사를 구분하지 못해서 생기는 오해도 있다. 지금도 일부 언론이 이를 정확히 구분하지 못하고 혼용해 사용한다. 존엄사와 소극적 안락사는 명확히 다르다. 앞서 설명했듯이 소극적 안락사란 임종이 임박하지 않은 환자의 요청에 따라 생명 유지에 필요한 치료를 중단함으로써 자연적인 죽음 이전에 사망케 하는 행위다. 반면 존엄사란 말기 환자의 돌이킬 수 없는 죽음을 앞두고 의학적으로 무의미한 생명 연장 치료를 중단함으로써 자연적인 죽음에 이르는 것이다. 소극적 안락사는 생명을 단축하지만, 존엄사는 죽음을 앞당기는 것이 아니다. 임종이 임박했는지 아닌지로 구분하면 이해가 쉽다. 우리나라 등 대부분 국가가 허용하는 것도 존엄사이지 소극적 안락사가 아니다.

많은 의료인과 종교인들이 존엄사에는 찬성하지만 소극적 안락사에는 반대한다. 그런데 자꾸 오해가 생기니 최근에는 '존엄사'

대신 '품위 있는 죽음' 또는 '무의미한 연명의료 중단'이라는 표현을 사용하고 있다. 의도적 생명 단축이 아니라, 의학적으로 무의미한 생명 연장 치료를 중단함으로써 자연스럽게 죽음을 받아들이는 것이다.

| 계속되는 간병 살인과 동반 자살 |

2014년 3월, 의정부지방법원 국민참여재판에서 안락사 논쟁을 불러일으킨 남매에게 배심원단 다수결로 유죄가 선고됐다. 재판부는 말기 암으로 고통받던 아버지를 살해했다는 혐의로 기소된 아들에게 징역 7년을 선고했고, 같은 혐의로 기소된 딸에게는 징역 5년을 선고했다. 방조한 아내에게는 징역 2년에 집행유예 4년을 선고했다.

아버지는 뇌암 말기 6개월 시한부 판정을 받고 동네 의원에서 진통제만 처방받아 복용하던 상태였고 의사가 뇌암에 의한 사망으로 결론 냈었다. 그런데 아버지를 죽인 죄책감에 괴로워하던 아들이 자살을 시도하면서 모든 정황이 드러났다.

가족은 아버지가 "차라리 죽여달라"고 부탁해 벌인 일이라고

나는 품위 있게 죽고 싶다

진술했다. 이들은 "아버지가 하루하루 고통 속에 사시는 걸 보면서, 극단적인 선택을 해서라도 아버지를 보내드릴 수밖에 없었다"고 말했다. 하지만 재판부는 "설사 내일 죽을 사람, 사형수라고 할지라도 오늘 죽이면 살인"이라면서 "고인이 피고인들에게 '죽여달라'는 말을 했더라도 병상에서 한 말을 진지한 뜻으로 보기 어렵다"고 판단했다. 변호인 측은 "살해가 아닌 안락사이기에 피고인들은 무죄"라며 "만약 죄가 있다면 고인이 부탁해 저지른 촉탁·승락에 따른 살인죄에 해당한다"고 주장했지만 받아들여지지 않았다.

이 사건은 말기 암 환자의 안락사 논쟁에 불을 지폈다. 그렇지만 환자의 "차라리 죽여달라"는 부탁을 입증할 녹음 파일이나 유언장 등이 없었다. 더욱이 의사의 치료 중단이 아니라 아들이 목을 졸라 직접 사망에 이르게 했다. 개념적으로 이는 연명의료 중단도 아니고 안락사도 아니다. 설사 안락사로 본다 해도 우리나라에서 안락사는 아직 죄다. 안락사를 허용했더라도 이들의 행위를 안락사 수행으로 보기 어렵다. 가족은 우선 안락사를 시행하는 의료기관을 찾아야 한다. 안락사를 허용하는 국가에서도 안락사는 의사만이 할 수 있다. 해당 의료기관을 찾으면 절차에 따라 환자 본인의 자발적 의사를 확인하고 허용 조건에 맞는지 검토하게 된다. 그 과정에서 통증이나 우울증 등 의료적 해결이 가능하거나 사회적·경제적 지원으로 문제를 풀어갈 수 있다면 안락사할 필요가 없어진다. 안락사가 합법화되더라도 안락사를 바라지만 안락사하지 못하는 경우가 많은 것이다. 신체적·정신적·사회적·경제적·존재적 고통이 해결되지 않고 도저히 견딜 수 없는 상황이 소명되면 제한적으로 안락사가 허용될 수 있다.

의사조력자살을 허용한 스위스에서 자살률이 감소한 것처럼 우리나라에서도 허용한다면 자살이나 간병 살인이 줄어들 것이고 오히려 그것이 윤리적이라고 주장하는 이들도 있다. 그러나 법제화와 더불어 이를 뒷받침할 제도가 함께 정비되지 않으면 실효성이 떨어지며 되레 더 큰 문제를 초래할 수 있다. 나는 아직 우리 사회가 의사조력자살을 도입할 만큼 사회복지 제도가 성숙한 상황은 아니라고 본다. 관련 제도를 제대로 마련할 수 있을 때 도입을 논의해야 한다. 그런데 간병 살인 유혹을 이길 수 있는 사회복지 제도가 마련되지 않은 채 안락사 입법화가 추진될 가능성이 점점 더 커지고 있어 심히 우려된다.

2017년 7월, 전신 마비인 남편이 고통스러워한다는 이유로 아내가 남편의 배에 음식물 섭취용 튜브(위루관)를 연결하지 않고 빠진 상태로 방치해 영양결핍과 탈수증으로 숨지게 한 사건이 있었다. 남편은 모야모야병에 의한 뇌출혈로 전신 마비가 됐고, 아내는 집과 요양병원을 오가며 남편을 간병해왔다. 2018년 5월 28일 수원지방법원 판결에 따르면 피고인은 오랫동안 사지가 마비된 피해자를 돌보면서 경제적 어려움을 겪었고, 위루관을 삽입하는 고통스러운 치료 과정 반복이 피해자에게도 힘든 일이라고 생각해 병원에 호송하지 않았으나, 상처 부위에 소독약을 바르는 등 계속해서 피해자를 보살폈고, 유족인 피해자 동생이 그동안 간병한 피고인에게 고마워하고 있다는 점과 피해자 이모가 피고인의 처벌을 원하지 않고 있는 점, 피고인이 형사 처벌을 받은 전력이 없다는 점 등을 정상참작해 징역 1년 6개월에 집행유예 2년을 선고했다.

2019년 4월에는 80대 남편이 치매에 걸린 80대 아내를 간병하다 지쳐서 살해한 사건이 발생했다. 2012년부터 아내가 치매 증상을 보이면서 노부부의 가정생활은 엉망이 됐다. 단둘이 살면서 7년 동안 간병해왔으나 이제는 자신이 직접 간병하기 어렵다고 판단해 요양병원에 입원시키려는 과정에서 아내가 완강히 거부해 죽게 했다는 것이었다. 자식들에게 부담 주기 싫어 자신도 죽으려고 아들에게 유서까지 써놓았지만 실행하지 못했다. 재판부는 살인 혐의로 기소된 그에게 징역 3년을 선고했다.

2019년 6월에는 식물인간 상태인 아내의 인공호흡기를 남편이 제거해 숨지게 한 사건이 벌어졌다. 어려운 형편에 병원비를 감당하지 못해 아내의 기도 내 삽관을 제거해서 사망하게 했다. 남편은 〈뉴스1〉과의 인터뷰에서 "지금 생각하니 아내 얼굴을 한 번 더 보고 싶다"고 말했다. 변호인 측은 아내가 소생 가능성이 없던 데다 생전에 연명의료는 받지 않겠다고 밝힌 점을 들어 선처를 호소하면서, 남편이 하루에 20~30만 원에 달하는 병원비를 낼 도리가 없어 범죄를 저지른 것이라며 공소사실을 인정했다. 하지만 검찰은 연명의료 기간이 1주일에 불과했고, 합법적으로 연명의료 중단이 가능한 상황이었던 점을 지적하며 비상식적 행동이라고 판단했다. 9월 10일에 열린 국민참여재판에 참여한 배심원 9명은 모두 유죄라고 판단했다. 재판부는 "인간 생명은 가장 존엄하기에 가치를 헤아릴 수 없다"면서 배심원 의견을 존중해 징역 5년을 선고했다.

2019년 7월, 부산에서 70대 남성이 아내를 살해한 혐의로 경찰에 검거됐다. 담도암 말기 환자인 아내를 간병하다 지쳐 저지른 간병 살인이었다. 20년 전 심장판막수술을 받았던 아내는 5년 동안 합병증 치료만 받다가 담도암 말기 판정을 받았다. 대학병원에서 더는 치료가 불가능해 요양병원으로 옮겼으나 아내가 요양병원에 있기를 거부해 자택으로 돌아왔다. 담도암 말기 판정 이후 아내의 병세가 극도로 악화해 입원과 퇴원을 수차례 반복하는 과정에서 남편은 지쳐갔고, 암으로 고통스러워하는 아내를 보는 것이 상당히 괴로웠다. 결국 남편은 아내의 목을 졸라 살해했다.

2019년 9월에는 서울 강서구에서 치매 노모와 중증 지체장애인 형을 살해한 50대 남자가 자살한 사건이 일어났다. 경찰은 오랜 간병에 따른 생활고와 스트레스를 이기지 못한 둘째 아들이 간병 살인을 저지른 것이라고 판단했다. 어머니는 기초생활수급자로 방문 요양보호 서비스를 받고 있었으며, 큰아들은 장애인 활동지원금을 받아 생활하고 있었다.

같은 시기 2019년 9월 〈중앙일보〉는 인천에서 70대 여성이 15년을 돌봐온 48세 딸을 살해한 사건을 보도했다. 딸은 2004년 뇌졸중으로 쓰러졌고, 2012년에는 고관절이 부러져 혼자 거동이 불가능했다. 어머니는 딸의 대소변을 받아내는 등 오랜 병간호로 우울증에 시달리다 결국 평소 "딸을 죽이고 나도 죽어야겠다"고 하던 말을 실행에 옮겼다. 검찰은 징역 7년을 구형했다. 2020년 1월, 재판부는 "국가와 사회가 보호해야 할 가장 존엄한 가치인 생명을 빼앗는 살인죄는 어떤 이유로도 합리화하거나 용납할 수 없다"면서, "유사한 상황에서 유사한 범죄가 생기는 것을 방지하기 위해서라도 책임을 엄중히 물어야 한다"며 징역 3년에 집행유예 5년을 판결했다. 그렇지만 "거동이 어려운 환자를 적절히 치료할 만한 시설이나 제도적 뒷받침이 현실적으로 충분치 못한 사회적 환경을 고려하면, 비극적인 결과를 오롯이 피고인의 책임으로만 돌리기는 어렵다"고 양형 이유를 밝히면서, "우리 사회가 간병 살인이라는 현실을 외면하지 않고 간병 가족의 아픔과 어려움에 조금이나마 공감할 수 있는 따뜻한 사회가 되길 바란다" 덧붙였다.

2019월 11월에는 〈경향신문〉 보도로 서울 성북구 한 다가구 주택에서 70대 어머니와 40대 딸 3명 등 일가족 4명의 사망 사건이 공개됐다. 집 안에서 A4 용지 두 장짜리 유서가 발견됐다. 시신은 부패 정도가 심해 사망한 지 오랜 시간이 지난 것으로 추정됐다.

｜ 간병 살인과 동반 자살은 국가의 죄 ｜

간병 살인이나 동반 자살이 발생하기 전에 예방할 수 있는 제도가 뒷받침되지 못하면 이와 같은 비극은 계속 벌어질 것이다. 오죽하면 가족을 살해하는 패륜을 저지를 수밖에 없겠는가? 이들에게 도덕과 양심이 없어서일까? 그렇지 않다. 외부의 도움을 요청

　　　　　　　　나는 품위 있게 죽고 싶다

했거나 방법을 찾아봤지만 주어진 부담과 그에 따른 고통을 해결할 길이 없기에, 간병 살인으로 인한 법적 책임을 감당할 각오로 그와 같은 선택을 하는 것이다.

사례에서와 같이 간병 살인에 대해 재판부는 언제나 유죄 판결을 내리고 있으며, 그 가족들의 상황을 헤아려 형을 감량하거나 집행유예를 통해 선처하는 모양새를 보이기는 하지만, 간병 살인은 여전히 계속되고 있다. 간병 살인은 형법으로 규제할 수 있는 대상이 아니다. 그 원인이 다르기 때문이다. 정말로 패륜적인 가족 살인과 간병 살인은 명확히 구분해야 한다.

형법 제12조(강요된 행위)의 "저항할 수 없는 폭력이나 자기 또는 친족의 생명, 신체에 대한 위해를 방어할 방법이 없는 협박에 의하여 강요된 행위는 벌하지 아니한다"는 규정에 비추어, 치료 불가능한 질병을 앓는 가족을 장기간 간병해야 하는 고통을 '강요된 행위'로 해석해야 한다. 감당하기 어려운 과중한 간병으로 인한 자신과 가족의 고통에 대해 자신과 친족의 생명을 방어할 방법이 없는 상황을 그저 스스로 해결하라는 것이 강요가 아니라면 무엇인가? 국가와 사회의 강요와 다름없다. 따라서 간병 살인은 벌해서는 안 된다.

법이 존재하는 까닭은 제대로 죄를 묻기 위해서이기도 하지만 억울한 죄를 짓지 않게 하기 위해서다. 법을 집행할 때 안타까운 마음이 든다면 그 법을 점검해야 한다. 가족의 심정을 이해한다며 감형에 집행유예를 선고하는 것만으로는 절대로 해결할 수 없다. 오히려 살인 교사와 방조의 심판을 받아야 할 대상은 국민을 보호할 책임이 있으면서도 이들이 극단적 선택을 하기까지 방관한 국가이고 정부다. 아울러 환자의 품위 있는 죽음의 권리와 가족의 인간적 삶의 권리를 도외시한 우리 사회에도 죄를 물어야한다. 우리는 간병 살인의 방관자다.

헌법 제10조는 "모든 국민은 인간으로서의 존엄과 가치를 가지며, 행복을 추구할 권리를 가진다. 국가는 개인이 가지는 불가침의 기본적 인권을 확인하고 이를 보장할 의무를 진다"고 분명히 명시하고 있다. 이뿐만이 아니다. 제34조는 "모든 국민은 인간다운 생활을 할 권리를 가진다", "국가는 사회보장·사회복지의 증진에 노력할 의무를 진다", "신체장애자 및 질병·노령 기타의 사유로 생활능력이 없는 국민은 법률이 정하는 바에 의하여 국가의 보호를 받는다"고 구체적으로 규정해두고 있다. 헌법 제10조와 제34조에 따라 국민의 인간다운 삶을 보장해야 할 국가의 책무를 왜 그 가족만 져야 하는가?

간병 살인과 동반 자살을 개인의 차원으로 치부해 가족들에게

나는 품위 있게 죽고 싶다

'생명 경시'라는 비도덕적 행위와 '살인'이라는 범죄 행위로 단죄함으로써, 이 문제가 '인간 불평등'의 극치라는 사실을 간과하게 만들고 있다. 간병 살인과 동반 자살로 내몰아 범죄자 낙인을 찍고 있는데도, 나를 비롯한 많은 지식인과 사회 지도자들이 질병으로 인한 경제적 부담과 불평등을 사회적 약자에게 강요하는 현실을 애써 못 본 척하는 비겁함과 부도덕함을 보이고 있다. 이 같은 상황을 나라면 감당할 수 있을까?

감당하기 어려운 신체적·정신적 고통을 덜거나 벗어나게 하는 사회 제도의 부재 때문에 선택의 자유와 인간다운 삶이 보장되지 않은 상황에서 자행되는 간병 살인과 동반 자살은 불법 집단이나 반인륜적 국가의 폭력과 고문에 의한 살인 강요와 다르지 않다. 이들에게는 부자들이 누리는 선택의 자유가 없다. 거동이 불가능한 중증 환자를 적절히 치료할 만한 시설 마련이나 제도적 뒷받침 없이 사법적 책임만 묻는 것이 과연 옳은 일일까?

간병 살인과 동반 자살은 사회적으로 강요된 선택이다. 여기에 죄를 물어 처벌하는 것은 인간적인 삶과 품위 있는 죽음의 권리를 박탈하는 인권 유린이다. 죽음보다 못한 상황에서 국가와 사회가 강요한 극단적 선택을 할 수밖에 없도록 만드는 정치 문제다. 단죄받아야 할 대상은 그 가족이 아니라 우리와 사회 그리고 국가인 것이다. 우리 사회가 간병 문제를 개인과 가족의 일로만 치부하지 않고 공동체적으로 해결했더라면 이 같은 비극이 발생하지 않았으리라는 생각에 매우 안타깝다. 재판부는 간병 살인이나 동반 자살을 선택한 그들에게 법적 책임을 묻지만, 그런 결정을 할 수밖에 없었던 그들의 고통을 헤아리고 그런 일이 생기지 않게 해야 할 사회와 국가에는 아무런 책임을 묻지 않는다. 우리 사회가 간병 문제라는 현실을 외면하지 않고 가족의 아픔과 어려움에 조금이나마 공감할 수 있는 따뜻한 사회를 만들기 위해서는, 유사한 사건의 재발을 막기 위한 적극적인 제도 개선과 법률 재정비가 필요하다.

| 삶을 마무리하는 다양한 선택들 |

나는 국립암센터에서 일하던 2011년 7월에 암 환자 1,242명, 암 환자 가족 1,289명, 암 전문의 303명, 일반인 1,006명을 대상으로 진행한 "말기 환자의 삶의 마지막 치료 선택에 대한 연구" 결과를 발표했다. 설문 조사는 2009년에 시행했으나 논문으로 게재하기까지 시간이 걸렸다. '무의미한 연명의료 중단', '적극적인 통증 조절', '소극적 안락사', '적극적 안락사', '의사조력자살' 등 다섯 가지 항목을 제시했다.

대다수 집단에서 '무의미한 연명의료 중단'과 '적극적인 통증 조절'에 대해서는 찬성한 반면, '안락사'나 '의사조력자살'에 대해서는 서로 다른 태도를 보이거나 소극적이었다. '무의미한 연명의료 중단'은 암 환자 집단의 89.9%, 암 환자 가족의 87.1%, 암 전문의의 94.0%, 일반인의 89.8%가 지지했다. '소극적인 안락사'에 해당하는 식물인간의 연명의료 중단에 대해서는 암 환자의 76.0%, 암 환자 가족의 70.3%, 암 전문의의 60.8%, 일반인의 74.9%가 찬성했다. '적극적 안락사'와 '의사조력자살'은 암 환자와 일반인 집단의 50%가 찬성한다고 응답했고, 암 환자 가족은 40%, 암 전문의는 10%만 찬성했다. 고소득층은 '무의미한 연명의료'와 '적극적인 통증 조절'에 찬성하는 경향이 높았고, 고연령층, 남성, 무종교, 저학력 계층은 '적극적 안락사'와 '의사조력자살'에 더 찬성하는 경향을 보였다. 각 집단이 존엄한 죽음에 대해 어떻게 생각하는지 보여주는 결과였다.

이 시기 미국, 네덜란드, 캐나다 등은 국민의 60~90%가 '적극적 안락사'와 '의사조력자살'을 찬성했지만 우리나라는 약 50%에 불과했다. 2009년 조사 당시에는 생명 단축에 대한 보수적 태도가 강했다. 개인의 자율성과 주체적 의사결정을 중시하는 유럽과 북미에서는 안락사를 긍정적으로 바라보는 반면, 가족과 집단을 중시하는 우리나라에서는 아직 수용하기 어려웠다고 볼 수 있다. 현재 우리나라는 효과적인 호스피스와 완화의료가 보편화하지 못한 채 이를 건너뛰고 안락사 및 의사조력자살 법제화 논의로 넘어갈 수도 있는 상황에 처해 있다. 영국, 캐나다, 미국 등의 나라와 같이 국민의 품위 있는 죽음을 보장하기 위한 국가적 차원의 구체적인 대책을 서둘러 마련해야 한다.

나는 2016년에 암 환자 1,001명, 암 환자 가족 1,006명, 의사 928명, 일반인 1,005명의 4개 표본 집단을 대상으로 같은 조사를 진행했다. 그 결과 '적극적인 통증 조절'은 암 환자의 88.5%, 암 환자 가족의 92.5%, 의사의 98.9%, 일반인의 85.0%가 찬성했다. '무의미한 연명의료 중단', 즉 '품위 있는 죽음'에 대해서는 암 환자의 88.3%, 암 환자 가족의 89.5%, 의사의 98.9%, 일반인의 88.4%가 찬성한다고 응답했다. 식물인간처럼 의식이 없는 환자에게 영양 공급 등 생명 유지에 필요한 치료를 중단해 생을 마치게 하는 행위인 '소극적 안락사'에 대해서는 의사 집단의 찬성률이 가장 높았고(77.2%), 일반인(66.1%), 암 환자(60.0%), 환자 가족(55.3%) 순이었다. '적극적 안락사' 찬성률은 오히려 일반인이 가장 높았으며(41.9%), 암 환자(38.2%), 의사(35.5%), 암 환자 가족(31.7%) 순이었다. '의사조력자살'도 '적극적 안락사'와 비슷한 양상을 보였다.

주목할 지점은 가족 돌봄 경험이 있는 경우 '적극적인 통증 조절(1.6배)'과 '무의미한 연명의료 중단(1.4배)'에 더 찬성한 반면 '적극적 안락사(0.9배)'에 대해서는 소극적 태도를 보였다는 사실이다. 나아가 '죽음에 대한 태도'와 '아름다운 마무리'에서 가장 중요시하는 요소는 '삶의 마지막 중재 방식'과 관련이 있는 것으로 나타났다. '죽음에 대한 태도' 항목에서 '죽음은 고통스럽고 두렵다'를 선택한 집단의 경우 '소극적 안락사'를 제외한 나머지에 대해 찬성 응답이 많았다. '아름다운 마무리' 항목에서 '가족에게 부담 주지 않는 것'을 선택한 집단의 경우에는 '적극적 안락사(1.6배)'와 '의사조력자살(1.7배)'에 더 찬성하는 경향을 보였다. 마찬가지로 '아름다운 마무리' 항목에서 '지금까지의 삶이 의미 있게 생각되는 것'을 선택한 집단은 '적극적인 통증 조절(1.6배)'과 '무의미한 연명의료 중단(2.5배)'에 찬성한 반면, '적극적 안락사(0.8배)'와 '의사조력자살(0.7배)'에는 소극적인 입장을 보였다.

정리하자면 '아름다운 마무리' 항목에서 '가족에게 부담 주지 않는 것'을 선택한 집단은 '적극적 안락사'와 '의사조력자살'을 통해 생명을 단축하겠다는 생각이 강하고, '지금까지의 삶이 의미 있게 생각되는 것'을 선택한 집단은 '적극적 안락사'와 '의사조력자살'에 부정적인 경향이 있다고 해석할 수 있다. 마찬가지로 이 시기 미국, 네덜란드, 캐나다 등은 예전과 동일하게 국민의 60~90%가 '적극적 안락사'와 '의사조력자살'을 찬성했지만, 우리나라는 2009년 조사 때보다도 낮은 30~40% 찬성률을 보였다.

유럽 및 북미와 달리 웰다잉 정책과 제도가 빈약할뿐더러 환자의 의견을 제대로 반영할 수 없는 의사결정 체계 때문에 우리나라에서는 아직 이에 대해 덜 수용적인 것으로도 분석된다. 데이비드 구달 박사의 의사조력자살 이후 서구에서 이와 관련한 사회적 논의를 활발히 진행하고 법제화를 추진했듯이, 이미 '고령 사회'로 진입한 우리나라에서도 더 늦기 전에 국가적 차원에서 공론화하고 방안을 모색해야 한다.

| 안락사 찬성론: 죽음을 스스로 결정할 수 있어야 한다 |

최근 무의미한 연명의료 중단을 넘어 의사조력자살을 포함한 적극적 안락사도 논의할 때가 됐다고 주장하는 이들이 늘고 있

나는 품위 있게 죽고 싶다

다. 악용될 소지는 분명히 있지만, 본인의 분명한 선택인지 아니면 주변에 떠밀려서인지 철저히 확인하는 등 안전장치를 마련한다면 충분히 막을 수 있다는 것이다.

이들은 안락사를 살 수 있는 사람을 죽게 만드는 살인이 아닌, 삶의 마지막 순간을 자연스러운 죽음이 되도록 허용한다는 의미로 이해한다. 죽음을 받아들일 준비가 돼 있는데도 무의미한 생명 연장만을 고집하는 의료 집착은 자연의 섭리를 거스르는 것이며, 종교적 관점에서도 신의 뜻을 따르는 행위가 아니라고 역설한다. 의식이 없는 상태로 중환자실에서 극심한 통증에 시달리는 상황에서 임종이 임박하지 않았다는 이유로 온갖 주사, 튜브, 인공호흡기, 투석 등 연명의료를 받는 것은 옳지 않다고 강조한다. 의사조력자살을 찬성하는 이들은 비단 중환자실이 아니더라도 장기요양병원에서 의식 없이 식물인간 상태로 병상에 팔다리가 묶인 채 주사와 튜브로 연명한다면 그 삶에 어떤 의미가 있느냐고 되묻는다.

아직 의사조력자살이 허용되지 않은 상황에서 자살, 동반 자살, 간병 살인 등이 늘고 있다는 지적도 많다. 말기 환자들과 그 가족이 견딜 수 없는 고통 때문에 극단적 선택을 하는 것이다. 자살 원인에는 '정신적 질병(36.2%)', '사회적·경제적 문제(23.4%)'뿐 아니라 '신체적 질병(21.3%)'도 있다. 특히 고령자들의 경우 신체적 질병 문제로 스스로 목숨을 끊는 이들의 비율이 46.0%나 됐다.

2019년 보건복지부와 중앙자살예방센터는 전국 16개 시도 63개 병원 응급실에 실려 온 자살 시도자 2만 1,545명을 분석했다. 극단적 선택을 한 동기에는 '정신적 질병'이 34.6%로 가장 많았지만, 70대 이상 연령층에서는 '신체적 질병' 때문에 극단적 선택을 하는 비율(70대 26.0%, 80대 이상 29.7%)이 '정신적 질병(70대 32.2%, 80대 이상 30.3%)' 다음으로 높았다. 문제는 극단적 선택을 할 수밖에 없던 이들의 고통을 완화해주고 존엄한 죽음을 도울 대안이 없다는 점이다. 이들의 죽음은 남의 일이 아니라 사회적 문제다. 국가가 책임을 통감해야 한다.

20년 전까지만 하더라도 스위스가 우리나라보다 자살률이 높았다. 그렇지만 의사조력자살 제도를 도입한 다음부터는 자살이 줄어드는 효과가 나타났다. 의사조력자살을 원하는 대상자는 상담 과정을 거치는데, 이때 자살에 관한 생각을 정리할 수 있고 자살하려는 이유를 분석해 제도적 차원의 지원을 해줌으로써 결국 자살을 줄일 수 있었다는 것이다.

2014년 11월에는 뇌종양 말기 진단을 받은 미국의 20세 여성 브리트니 메이나드가 의사가 처방해준 약을 복용하고 삶을 마감했다. 미국 내 의사조력자살 확대를 주장하면서 메이나드를 지원해온 단체 '연민과 선택'의 대변인 션 크라울리는 "메이나드가 자신의 침대에서 사랑하는 사람들의 품에 안겨 평화롭게 숨을 거뒀다"고 밝히면서, "메이나드는 지속적인 발작에 시달렸고 심각한 두통으로 고통스러워하는 등 증상이 심해져 결국 치사 약물을 복용해 고통의 삶을 마치기로 결정했다"고 말했다. 메이나드의 선택은 전세계 시한부 환자들에게 의사조력자살에 대해 다시 생각해보는 계기가 됐고, 고통으로 인한 의사조력자살 요구에 동정하는 여론이 형성됐다. 프란치스코 교황은 의사조력자살을 죄악으로 여기는 반면, 노벨평화상을 수상한 남아프리카공화국의 데스먼드 투투 주교는 찬성 입장을 표명했다.

| 안락사 반대론: 생명은 어떤 상황에서도 존중받아야 한다 |

환자가 안락사를 원하게 되는 상황은 크게 네 가지로 구분할 수 있다. '신체적 고통', '정신적 고통', '사회적·경제적 부담', '남은 삶의 무의미함'이다. 데이비드 구달 박사가 의사조력자살을 선택한 것은 네 번째에 해당한다고 볼 수 있다. 안락사 제도 도입을 논의하기에 앞서 이 네 가지 문제를 줄이기 위해 얼마나 노력했는지 돌아봐야 할 것이다. 환자의 신체적·정신적 고통을 줄이려는 의학적 조치, 간병비·의료비 부담을 낮추려는 지원, 남은 삶을 의미 있게 만들려는 노력은 하지 않은 채 안락사 도입을 논하면 생명 경시 논란만 키울 뿐이다. 생명 경시가 아닌 생명 존중의 의미로 안락사가 논의되려면 환자들의 신체적·정신적·사회적·경제적·존재적 고통 해소가 선행돼야 한다. 다시 말해 웰다잉이 먼저다. 웰다잉 정책이나 제도 마련 없이 흘러가면 그대로 조만간 안락사 요구 물결에 휩싸이게 될 것이다.

조절되지 않는 통증으로 고통받는 말기 암 환자의 처지를 헤아린다면 안락사를 허용해야 한다고 여기는 사람들이 많다. 그러나 안락사 반대론 측면에서 말하자면 말기 암 환자들의 통증도 통증관리 지침에 따른 세심한 진단과 약제 선택으로 대부분 조절할 수 있다. 그래도 통증이 해결되지 않는다면 고통을 느끼지 않도록 수면제를 투여할 수도 있다. 수면 내시경 때와 유사한 방법이다. 고통을 느끼지 않는 수면 상태에서 죽음을 맞이할 수 있지만, 이는 생명을 단축하거나 죽음을 유도하는 것이 아니라는 점에서 안락사와는 다르다. 계속 강조하지만 안락사는 죽음에 이르게 할 목적으로 수행하는 것이다.

나는 품위 있게 죽고 싶다

더욱이 현대 의학으로 '회생 불가능', '완전한 임종기'라는 판단은 의사가 할 수밖에 없지만 늘 완벽할 수는 없다. 앞서 2008년 세브란스병원 김 할머니의 경우 의사는 임종이 임박한 상태이므로 인공호흡기를 제거하면 수 시간 또는 수일 안에 사망하리라고 판단했다. 하지만 인공호흡기를 떼고도 무려 201일을 더 사셨다. 독립된 의사 2명 이상이 연명의료 중단 결정에 참여해야 하는 이유이기도 하다.

안락사를 반대하는 이들은 안락사가 아닌 환자의 임종 과정에서 고통을 지속시키는 불필요한 치료를 제때 중단할 결단력과 합리적 용기가 의사, 환자, 보호자에게 필요한 시점이라고 말한다.

불가역적인 죽음이 예상되는 시점에서 의료진과 가족이 끝까지 최선을 다하는 것은 맞지만, 최선을 다한다는 진정한 의미가 어떤 것인지 진지하게 고민해야 한다. 단순히 연명의료 중단뿐 아니라 삶의 마지막 순간에 고통을 줄여주고, 불안과 우울 등 심리적 문제를 해결해주며, 사회적·경제적 부담을 덜어주고, 삶의 의미를 부여함으로써 완성한 삶을 사랑하는 사람들에게 남길 수 있도록 하는 것이 품위 있는 죽음을 돕는 최선이다.

| 안락사 문제, 다른 나라에서는 |

외국은 우리나라보다 훨씬 이전부터 안락사를 공론화했다. 네덜란드, 벨기에, 룩셈부르크, 스위스, 캐나다, 미국의 10개 주 등에서는 적극적 안락사와 의사조력자살을 허용하고 있다. 앞서 설명했듯이 적극적 안락사와 의사조력자살은 임종이 임박하지 않은 상황에서 약물 등을 이용해 인위적으로 생명을 단축시키는 행위이므로 안락사로 통칭하겠다.

네덜란드는 수십 년간의 사회적 논의를 통해 2002년부터 안락사를 법제화해 시행하고 있다. 매년 약 6,000명이 안락사로 사망하는데, 이는 전체 사망자의 약 4%에 해당한다. 이후 2003년에는 벨기에가 안락사를 합법화했다. 나아가 2014년에는 미성년자 안락사 허용 조항까지 추가함으로써 모든 연령에서 안락사를 허용하고 있다.

캐나다에서는 2014년 6월 퀘벡 주가 존엄사법을 제정했고 2년 뒤인 2016년부터는 캐나다 전역에서 안락사를 허용했다. 이즈음 우리나라는 좁디좁은 협의의 웰다잉만 겨우 마련한 상황이었다. 의사조력자살이나 소극적 안락사 논의도 본격화하지 않았다. 이대로 가면 웰다잉의 외연을 넓히는 광의의 웰다잉을 마련하지 못

나는 품위 있게 죽고 싶다

한 채 안락사 논쟁으로 넘어갈 수 있다. 예상컨대 10~20년 안에 안락사 요구 여론이 형성될 것이다. 5년 내 현실이 된다고 보는 이들도 많다. 죽음의 과정에서 극심한 고통을 겪는 환자들이 아무런 희망도 갖지 못한 채 죽음만 기다리는 무의미한 시간을 보내는 것은 그저 고문일 뿐이다. 캐나다 존엄사 협회의 슬로건 "당신의 삶이며, 당신의 선택이다"을 떠올릴 필요가 있다.

미국에서는 1997년부터 오리건 주를 시작으로 존엄사법이 통과돼 안락사를 허용했고 최근인 2019년 7월에는 메인 주, 2021년 1월에는 뉴멕시코에서도 합법화했다. 오리건, 캘리포니아, 콜로라도, 버몬트, 워싱턴, 하와이, 뉴저지, 메인, 뉴멕시코의 9개 주와 수도인 워싱턴 DC에서 안락사를 허용한다. 현재 뉴욕을 비롯한 15개 주가 안락사 허용 법안을 논의하고 있다.

"치료 가능성이 없고, 심각한 통증을 갖고 살아야 할 때, 의사가 환자의 자살을 돕도록 환자가 요청할 수 있는 법을 허용해야 한다고 생각하십니까?"

위와 같은 질문의 갤럽 설문 조사에서 미국 국민의 안락사 찬성률은 1997년 52%에서 2015년 68%로 상승했다. 2001년 68%까지 올랐다가 2013년 51%로 감소한 뒤 다시 급격히 증가한 것이었다. 현재 미국의사협회는 존엄사법에 의한 안락사를 경계하고 있다. "미끄러운 경사면의 문제는 당신이 그 위에 있을 때 결코 알수 없다"면서, 지금까지 부정적인 결과가 발생하지 않았다고 해서 미래에도 일어나지 않으리라고 보장할 수는 없다는 입장을 취하고 있다.

다음은 프랑스를 살펴보자. 2005년부터 프랑스는 치료 불능의 말기 환자의 경우에만 본인의 의사에 따라 치료 중단을 허용하고 있었다. 그런데 2008년 오토바이 사고로 뇌가 손상돼 6년간 식물인간 상태로 있던 뱅상 랑베르의 아내가 2013년 4월 안락사 요구 소송을 제기했고 법원은 그녀의 요구를 받아들였다. 인위적 연명의료가 비상식적이라는 의료진의 판단이 큰 영향을 미쳤다. 하지만 랑베르의 부모가 연명의료를 계속해야 한다며 유럽인권재판소에 별도의 소송을 제기했다. 유럽인권재판소는 안락사를 허용할 수 없다고 판결했다. 2013년 8월, 의료진과 랑베르의 아내 및 형제자매가 협의해 다시 치료 중단을 결정했다. 부모는 이번에도 소송으로 맞섰다. 랑베르의 아내는 파리 행정법원에 연명치료를 중단하게 해달라고 제소했고 2014년 6월 법원은 이들의 결정이 합법이라고 판결했다.

그 시기 치료 불능의 말기 환자 7명의 자살을 도운 혐의로 기소된 의사 니콜라 본메종에게 무죄가 선고됐다. 그는 2010년 3월부터 2011년 7월까지 말기 암, 전신 마비 등으로 고통받는 7명의 환자에게 독극물을 주입해 사망에 이르게 해 기소됐다. 그는 안락사를 시행하기 전 환자의 가족과 충분히 대화했다고 진술했고, 유가족도 증인으로 출석해 그에게 감사를 표했다. 본메종의 무죄 판결을 계기로 안락사 찬성론이 굳어지는 분위기 속에서 가톨릭계가 강하게 반발했다. 프랑수아 올랑드 대통령은 대선 공약으로 안락사 허용을 내걸었다. 그러는 동안 2016년 1월 웰다잉법이 국회를 통과해 무의미한 연명의료 중단 및 수면 상태에서 삶을 품위 있게 마감할 수 있는 길이 열렸다. 웰다잉법은 안락사나 의사조력자살과 달리 회생 불가능한 환자의 임종이 임박하다고 판단될 때 연명의료를 중단하고 수면 유도제를 통해 편안한 죽음을 맞이할 수 있도록 하는 내용을 담고 있다.

재판이 계속되고 있던 뱅상 랑베르 사건도 새로운 국면을 맞이했다. 2018년 4월, 의료진은 또다시 협의를 거쳐 연명의료 중단을 결정했다. 웰다잉법에 입각해 그의 아내와 가족의 요청에 따라 영양 및 수분 공급을 끊은 것이다. 그러나 독실한 가톨릭 신자이던 랑베르의 부모는 치료 중단 반대 소송을 냈고 2019년 1월 행정법원은 의료중단을 인정한다고 판결했다. 그러자 부모는 유엔 장애인권익위원회에 제소했다. 에마뉘엘 마크롱 대통령에게도 서한을 보내 아들을 살려달라고 호소했다. 이에 마크롱 대통령은 연명의료 중단이 랑베르의 법적 대리인인 아내와 의료진 사이의 논의로 내린 합법적 결정이라며 요청을 거부했다. 그러자 프란치스코 교황 등 가톨릭계가 들고 일어났다. 5월 20일, 프란치스코 교황은 트위터에 "신의 선물인 삶을 처음부터 끝까지 지켜야 한다"고 썼다. 파리 행정법원은 유엔 장애인권익위원회의 검토 결과가 나올 때까지 연명의료를 계속하도록 의료당국에 명령했다. 6월 28일 프랑스 최고재판소 파기원이 이 결정을 파기하라는 최종 판결을 내렸다. 2019년 7월 11일, 벵상 랑베르는 결국 세상을 떠났다. '중단―재개'가 반복된 과정에서 마지막으로 연명의료를 중단한 지 9일 만이었다.

스페인의 경우에는 2020년 2월 11일 집권당 사회노동당이 존엄사 합법화를 추진하고자 안락사 및 의사조력자살의 합법화 법안을 하원에 제출했다. 법안에는 말기질환이나 불치병으로 고통받는 사람들에 국한해 환자 본인이 희망하면 존엄사를 허용하며, 의료진에게 양심에 따라 연명의료 중단을 수용 또는 거부할 수 있는 권리를 부여한다는 내용이 담겼다. 보수 가톨릭계와 우파 진영은 즉각 반발했다. 1997년부터 여러 차례에 법안을 통과시키려고 노력했지만 좌절됐다. 스페인에서 존엄사 문제는 2019년 한 남성이 30년간 다발성 경화증으로 고통받은 아내의 자살을 도운 혐의로 체포되면서 공론화됐다. 스페인 의회는 안락사와 의사조력자살을 합법화하는 법안을 가결했다. 안락사에 대한 광범위한 대중적 지지가 있었기에 가능한 일이었다.

전세계 최초로 안락사를 합법화한 국가는 네덜란드다. 2000년부터 허용하고 있다. 12~16세 미만의 청소년은 보호자 동의하에 가능하지만 12세 미만은 금지한다. 안락사를 희망하는 대부분은 말기 환자이지만, 정신적 고통으로 인한 안락사도 허용한다. 모든 안락사는 지역 위원회의 엄격한 검토 과정을 거쳐야 가능하다. 연평균 약 6,000명이 안락사로 삶을 마감했다. 2017년에는 6,585건이었고 2018년에는 6,126건으로 감소했다.

2019년 6월 2일, 노아 포토반이라는 17세 소녀가 안락사로 사망했다는 기사가 보도됐다. 포토반은 성폭행을 당한 뒤 우울증과 거식증으로 고통받은 경험을 책으로 출간한 바 있었다. 하지만 약물에 의한 안락사가 아닌 스스로 음식 섭취를 중단해 죽었다. 포토반은 집에서 환자용 침대에 누워 물과 음식 섭취를 거부했고, 부모와 의료진은 강제로 음식을 주입하지 않기로 결정했다. 환자가 동의하지 않으면 보호자는 치료를 제공하지 않을 수 있다는 네덜란드 의료 지침에 따랐다.

마찬가지로 안락사가 합법인 벨기에에서는 2018년 약 2,400명이 안락사 시행으로 사망했다. 2016년 2,028명, 2017년 2,309명으로 2002년부터 지속해서 증가하는 추세다. 안락사를 선택한 사람들은 대부분 치료가 불가능한 암이나 중증질환을 앓고 있던 환자들이었다. 2014년부터는 미성년자에게도 안락사를 허용하고 있다.

이번에는 호주의 사례다. 2018년 8월 〈한국일보〉는 호주의 92세 과학자 메리 화이트가 숨진 채 발견됐다는 소식을 보도했다. 경찰은 치명적 약물 때문에 사망한 것으로 보고 딸을 살인 혐의로 체포했다. 화이트는 갑작스럽게 찾아온 치매로 집필 활동을 할 수 없었고 사람들과도 소통도 힘들어했다. 평소 그녀를 돌보던 딸은 증언을 거부했지만, 연민과 사랑으로 어머니가 무너지는 것을 더는 지켜보기 어려웠을 것이다. 살인이냐 자비냐로 의견이 갈려 호주 전역에서 안락사 논쟁이 벌어졌다.

미국이나 캐나다처럼 호주에서 안락사 및 의사조력자살에 관한 법률은 주마다 다르다. 2015년 연방정부 차원에서 안락사 금지를 철폐하는 법안을 발의했으나 통과되지 못했다. 뉴사우스웨일즈 주는 2017년 9월 법안을 발의했지만 역시 통과하지 못했다. 빅토리아 주는 적극적 안락사를 허용하지 않지만, 2017년 9월 자발적 조력 임종법을 제정해 의사조력자살을 허용하게 됐다. 이 법은 2019년 6월 19일에 발효됐다. 이로써 빅토리아는 호주에서 안락사를 법제화한 최초의 주가 됐다. 그런데 이 법률은 다음의 조건으로만 유효하다. 첫째, 불치의 진행성 질병이며 견딜 수 없는 고통을 겪고 있어야 한다. 둘째, 2명의 의사에 의해 6개월 이내에 사망하리라 예상되는 상태여야 한다(단, 신경퇴행성질환으로 고통받는 사람은 예외로, 12개월 이내에 사망할 것으로 예상돼야 한다). 셋째, 환자는 18세 이상이어야 하며 빅토리아 주에서 12개월 이상 거주하고 의사결정 능력이 있어야 한다. 넷째, 정신질환이나 장애는 허용 대상이 아니지만, 다른 모든 기준을 충족한다면 허용한다. 웨스턴오스트레일리아 주에서는 자발적 조력 임종법이 지난 2021년 7월부터 발효됐다. 최근 태즈메이니아 주에서도 법이 통과됐고, 사우스오스트레일리아 주의 경우에는 의회를 통과해 주지사의 승인을 기다리고 있다.

이탈리아는 의회가 2017년 12월 14일 가톨릭계와 우파 정당들의 반대에도 불구하고 존엄사 허용 법안을 통과시켰다. 치료가 불가능한 환자의 연명의료나 인위적 영양 공급 등을 거부할 수 있는 '생전 의향' 법안이 찬성 180표에 반대 71표로 통과됐다. 그렇지만 적극적 안락사는 허용하지 않는다. 프란치스코 교황은 "안락사는 잘못됐지만 의사는 죽음에 저항하려는 헛된 의도로 과도한 치료를 제공해서는 안 된다"면서 "안락사에는 반대하나 무의미한 연명의료는 중단해야 한다"고 가톨릭계의 입장을 밝혔다.

2018년 2월 27일, 불의의 교통 사고로 눈이 멀고 목 아래 전신이 마비된 40세 이탈리아 남성이 스위스에서 의사조력자살로 생을 마감했다. 음악 DJ로 활동하던 파비아노 안토니아노(DJ 파보)는 3년 전에 당한 사고로 아무것도 보지 못하고 움직이지 못하는 처지가 됐다. 〈연합뉴스〉에 따르면 2018년 1월 그는 "적어도 고통 없이 죽는 것만큼은 스스로 선택할 수 있어야 하며, 누구나 자신의 최후를 자유롭게 결정할 수 있어야 한다"는 내용의 서한을 세르지오 마타렐라 대통령에게 보내 안락사법을 조속히 마련해 달라고 호소했지만 여의치 않자 스위스로 건너가 목숨을 끊었다. 이를 계기로 안락사 찬반 국민투표를 실시하자는 청원이 제기됐고 서명자 수가 100만 명을 넘었다.

독일은 2014년 5월 17일 헌법재판소가 연명의료 중단 합헌 결정을 내리면서 소극적 안락사를 합법화했다. 하지만 치명적 약물 처방을 포함한 적극적 안락사는 금지하고 있다. 나아가 2015년 11월 6일 독일 국회는 상업적 목적으로 자살을 지원하는 조력자살을 불법으로 규정했다. 조력자살금지법 제정 이후 많은 불치

나는 품위 있게 죽고 싶다

병 환자들이 스위스나 네덜란드로 건너가 안락사했다. 반면 경제적 여건으로 그럴 수 없는 불치병 환자들은 여전히 고통을 받아야 했다. 이후 조력자살금지법 위헌 여부에 대한 재판이 진행됐고, 2020년 2월 26일 헌법재판소는 헌법에 어긋난다고 판결했다. 기본권인 개인의 자율성을 침해한다는 것이었다. 최근 독일 의사협회가 의사행동강령에서 조력자살금지 내용을 삭제한 후 조력자살 법제화에 한 걸음 더 나아가고 있다.

"누구도 강요해서는 안 되지만, 모두에게 권리는 있어야 한다."

이것이 독일의 조력자살에 관한 법안 초안이 명시한 기본 개념이다. 현재 조력자살과 관련한 두 개 법안이 상정된 상태로 계류중이다. 글로벌 여론조사 기업 유고브(YouGov)의 설문 조사에 따르면 독일 국민 4명 중 3명이 조력자살 법제화에 찬성했다.

포르투갈에서는 아직 뜨거운 감자다. 2018년 5월에 상정한 법안은 통과하지 못했지만 2019년 선거 이후 이 문제가 다시 논의되기 시작했고, 2020년 2월 20일 본회의에 상정된 5개의 안락사 및 의사조력자살 허용 법안을 잇따라 통과시켰다. 말기 암 환자 등 치료가 불가능한 질병으로 극심한 고통을 겪는 환자에게 안락사를 허용하고 의사가 이를 돕더라도 처벌하지 않는다는 내용이다. 포르투갈도 전통적인 가톨릭 국가이지만, 2007년에는 낙태를 합법화했고 2010년에는 동성 결혼을 허용했다. 그동안에도 포르투갈 법은 환자의 생존에 필요한 의료 행위를 수행하지 않는 소극적 안락사는 허용했다. 포르투갈 형법 제156조는 의사가 환자의 동의 없이 의학적으로 생명 연장에 개입할 수 없도록 규정하고 있다. 따라서 환자에게는 생명 연장 목적의 의학적 개입을 거부할 권리가 있다.

물론 통과한 법안에도 제한 요건이 있다. 안락사 신청 대상은 환자 본인이어야 하며, 포르투갈 국민 또는 포르투갈 내 합법적 거주자인 성인이어야 한다. 치료가 불가능한 질병이어야 하고, 안락사의 의미와 요청을 이해할 수 있는 지각 능력을 갖고 있어야 한다. 미성년자, 정신질환 환자, 심리적 불안증을 겪는 환자는 대상에서 제외된다. 환자가 서면으로 안락사를 신청하고 의사 2명의 평가 후 의사, 간호사, 법률가, 생명윤리 전문가로 구성된 평가위원회에서 검토한다. 아울러 양심 조항을 삽입해 의사가 안락사 시행에 대해 반대 의사를 밝힐 수 있도록 했다.

일본에는 아직 안락사에 관한 공식 법률은 없다. 안락사 문제가 수면 위로 떠오른 것은 1962년 나고야와 1995년 도카이에서 발생한 사건이다. 첫 번째 사건은 생명 유지 장치를 꺼서 환자를 사망에 이르게 한 소극적 안락사였고, 두 번째 사건은 적극적 안락사로 모두 유죄 판결을 받았다. 그렇지만 현재 일본에서 안락사를 시행하기 위한 법적인 틀은 있다. 일본에서 비공식적으로 소극적 안락사가 이뤄지려면 세 가지 조건을 충족해야 한다. 첫째, 환자는 불치병을 앓고 있으며 회복 가능성이 전혀 없는 마지막 단계에 있어야 한다. 둘째, 환자는 치료 중단에 명시적으로 동의해야 하며 의료진은 환자 사망 전 서명을 받아 보관해야 한다. 셋째, 환자가 서명할 수 없는 경우에는 생전 유언장 또는 가족의 증언과 같은 문서를 마련해야 한다. 환자는 의학적 치료, 화학요법, 투석, 인공호흡, 수혈, 수액 주사 등을 중단함으로써 소극적 안락사를 할 수 있다.

이와 마찬가지로 비공식적이긴 하지만 적극적 안락사를 위해서는 다음 네 가지 조건을 충족해야 한다. 첫째, 환자는 견딜 수 없는 육체적 고통을 겪고 있어야 한다. 둘째, 죽음을 피할 수 없고 임종이 임박한 상황이어야 한다. 셋째, 환자가 동의해야 한다(수동적 안락사와 달리 유언장과 가족 동의만으로는 안 된다). 넷째, 의사가 할 수 있는 모든 통증 완화 조치를 취했는데도 효과가 없는 상태여야 한다.

일본존엄사협회는 연명의료를 원하지 않는다는 의사를 사전에 밝히는 '종말기 의료에 관한 사전의향서' 보급 활동을 하고 있다.

사전의향서를 작성한 회원은 11만여 명에 이르며 매년 약 6,000 여 명이 신규로 작성하고 있다.

영국은 1935년 전세계 최초로 안락사협회가 창설된 나라다. 몇 년 전 영국에서는 의학으로 치료가 불가능하다는 이유로 연명의료를 중단한 문제를 두고 논쟁이 뜨거웠다. 2017년 7월 28일, 태어난 지 1년이 채 되지 않은 찰리 가드는 미토콘드리아결핍증후군이라는 희귀병으로 치료를 받던 중 연명의료가 중단돼 숨졌다. 연명의료 여부를 두고 소송이 제기된 상황이었다. 찰리의 어머니 코니 예이츠는 "우리는 아들의 삶과 죽음에 대해 아무런 결정도 할 수 없었다"면서 병원 측이 의학적 판단만 따랐다며 강하게 비판했다. 치료를 맡았던 병원은 찰리가 회복 불가능한 뇌 손상을 입은 상태였고, 연명의료는 찰리를 오히려 고통스럽게 할 뿐이었다고 해명했다. 현재 의학 기술로 치료가 불가능하더라도 끝까지 최선을 다해야 한다는 의견과, 회생 불가능한 아이의 삶을 부모의 고집 때문에 인위적으로 연장하는 것은 옳지 않다는 의견이 맞섰다. 병든 아이의 치료를 두고 부모와 병원 중 누가 아이의 생명에 대한 최종 결정을 내려야 하는지, 의학적 한계의 범위를 어디까지 설정해야 하는지에 대한 갑론을박이 펼쳐졌다.

당시 영국 고등법원과 유럽인권재판소는 존엄한 죽음이 찰리

나는 품위 있게 죽고 싶다

에게 최선의 이익이라며 연명의료 중단이 옳았다고 판단했다. 부모는 찰리가 집에서 임종할 수 있도록 요청했지만 법원은 찰리를 호스피스 시설로 옮긴 후 연명의료를 중단하라고 판결했다. 우리나라라면 연명의료 중단 결정을 병원이 가족에게 요청하지 못한다. 영국이니까 가능한 일이다. 미국 컬럼비아대학교병원 신경과 전문의인 미치오 히라노 교수가 자신이 개발한 치료를 시도하려 했다가 적용하기에 너무 늦었다는 결론을 내리기도 했다. 찰리의 부모는 병원이 법원 소송 등으로 시간을 끄는 바람에 찰리가 치료 시기를 놓쳤다고도 주장했다. 안타깝지만 더이상 손 쓸 수 없는 시기가 있다는 점도 알아야 한다면서, 의사가 환자 및 가족에게 불확실한 희망을 주는 것이 더 위험하다고 해석한 전문가들도 있었다.

2018년 6월에는 〈BBC〉를 통해 아버지의 안락사를 도운 딸이 소개됐다. 66세의 전직 간호사 산드라 홈즈는 편히 죽고 싶다는 아버지 존 렌튼의 희망에 따라 2017년 10월 아버지를 모시고 스위스로 '마지막 여행'을 떠났다. 그녀의 아들 40세 스코트 홈즈도 함께했다. 제2차 대전 참전 용사였던 93세의 존 렌튼은 파킨슨병을 앓고 있었다. 사건을 조사한 경찰은 이들 모자를 자살방조 등의 혐의로 검찰에 송치했다. 이들은 그것이 위법임을 알았지만 다른 방법이 없었다고 진술했다. 산드라 홈즈는 "사람을 그런 끔찍한 처지에 잡아놓는 것은 너무 잔인하다"면서, "영국은 자비를 베푸는 쪽을 오히려 고발한다"고 안락사 허용의 필요성을 지적했다. 아들 스코트 홈즈 또한 "할아버지는 놓여나길 원하셨고 후회하지 않는다"고 말했다. 왕립기소청은 모녀를 상대로 소송을 제기하는 것이 공익이 아니라고 결론 짓고 기소하지 않았다.

2018년 7월 30일, 영국 대법원은 식물인간 상태에 놓인 환자의 가족과 의료진 사이에 견해가 다를 경우에는 여전히 법원의 승인 절차를 거쳐야 하지만, 양자가 모두 동의할 경우 법원 승인 없이도 연명의료를 중단할 수 있다고 판결했다. 인권보호조약에 어긋나지 않는다는 이유에서였다. 그동안 영국에서 연명의료 중단을 시행하려면 법원의 판결을 받아야 했다. 판결이 내려지기까지 시일이 걸리므로 과도한 의료비가 발생했고 국민보건서비스의 부담도 컸다. 이 판결로 연명의료 중단 결정이 보다 용이해질 것이다. 하지만 적극적 안락사는 허용하지 않는다.

해외 출장 때 비행기에서 우연히 영화 〈미 비포 유(Me Before You)〉를 관람했는데, 스위스의 의사조력자살 기사가 보도된 이후였다. 영화를 보기 전까지는 의사조력자살 내용이 나온다는 사실을 몰랐다. 전신 마비 환자인 남성과 그를 간병하는 여성과의 사랑 그리고 의사조력자살에 관한 이야기였다. 남성은 스위스에서 의사조력자살을 하기로 결심했고 부모도 동의했다. "의사조력자살을 미화했다"는 비판과 함께 "생명은 함부로 끊을 수 없다"는 생명권과 "자기 삶의 마감에 대해 스스로 결정할 수 있어야 한다"는 선택권 사이에서 많은 생각을 하게 만드는 영화였다.

그동안 '의사조력임종(physician-assisted dying)'에 반대 입장이던 영국 의사협회는 회원들의 설문 조사 결과에 따라 2021년 9월 중립 입장으로 선회했다. 2020년 2월 실시한 설문 조사에서 회원의 40%는 영국 의사협회가 의사조력임종을 지지해야 한다고 했고, 33%는 반대, 21%는 중립을 지켜야 한다고 응답했으며 6%는 결정하지 못했다. 회원 개인의 입장에서는 의사조력자살 법제화에 대해 50%는 지지, 39%는 반대한다고 응답했고 11%는 결정을 내리지 않았다.

│ 안락사 논쟁 전에 광의의 웰다잉부터 │

아직 우리나라는 호스피스가 제대로 정착하지 못한 데다 사회적 돌봄 등 사회복지 제도가 부족한 상황이라 광의의 웰다잉은 생각하기 어려운 게 현실이다. 암담하고 까마득해 보인다. 그런데도 전문가, 시민사회단체, 관계 기관, 정부는 현재의 상황을 별로 심각하게 생각하지 않는 듯 보인다.

지금과 같은 좁디좁은 수준의 웰다잉 정책에 변화가 없다면, 단언컨대 틀림없이 우리나라에서도 안락사 및 의사조력자살에 대한 요구가 강해질 것이다. 광의의 웰다잉이 자리도 잡기 전에 안락사 및 의사조력자살이 법제화된다면 돌이킬 수 없는 상황이 벌어질 수 있다.

아무리 수명이 늘어도 고통스러운 생명을 연장하는 것에 불과하다면, 의미 없는 삶을 지속하기보다 그동안의 삶을 정리하고 의미 있는 삶으로 완성하겠다는 이들이 많아질 것이다. 다시 말해 자신의 죽음을 스스로 선택할 수 있는 권리를 요구하는 사람들이 늘어날 것이다. 이를 금지하는 것은 자기결정권의 침해가 될 수 있다. 앞서 설명했듯이 많은 나라에서 안락사 및 의사조력자살을 법제화하고 있다. 국내에서도 이미 안락사에 관해 찬성 의견이 많다. 정부는 이에 대비해야 한다. 광의의 웰다잉이 안락사 문제의 대안이므로 서둘러 법 제정을 통해 국민의 품위 있는 죽음을 위한 제도로서 정착시켜야 한다.

그런데 정부는 연명의료결정법의 목적을 망각한 채 형식적인 생색내기 정책만을 시행 중이다. 그 결과 이 문제를 심각하게 제기하는 개인이나 단체는 어디에도 없다. 국민이 한 번뿐인 죽음을 품위 있게 맞이할 수 있도록 하는 것은 넓게 보면 국가가 보장해야 할 헌법적 권리다. 죽음을 존중할 때 생명의 가치가 더 살아난다. 인간은 결국 죽어야 하는 존재다. 회복 가능한 질병에는 당연히 최선을 다해야 한다. 그런데 그 어떤 수단과 방법에도 임종을 막을 수 없다면, 연명의료가 그저 죽음의 순간만을 늦출 뿐이라면, 더 늦기 전에 의미 있는 삶을 완성하고 아름답게 떠날 수 있는 선택을 허용해야 한다. 현재의 삶이 무너지고 인간으로서의 존엄함을 더는 지킬 수 없는 상황으로 내몰기보다 죽음을 언제, 어디서, 어떻게 맞이할지 스스로 선택할 권리를 법으로 보장해야 할 때가 오고 있다.

모든 죽음이 안락사로 이뤄져야 한다는 의미가 아니다. 원하지 않는 안락사가 강요돼서도 안 된다. 국민이 안락사를 선택할 수밖에 없는 상황에 놓이지 않도록, 다시 말해 인간적인 삶과 자율적 선택을 존중하는 최선의 의료 및 사회복지가 제공돼야 한다. 그런데도 불구하고 인간적 삶이 보장되지 않는 불가역적인 고통의 상황에 놓일 때 스스로 내린 합리적·자율적 선택을 존중할 방안을 마련해야 한다. 이는 불가피하고 예외적인 경우에만 제한적으로 안락사를 허용해야 한다는 뜻이다. 이와 같은 제도를 마련하면 해결 가능한 의학적 문제나 복지 문제 등을 예방하고 해결하는 긍정적 효과도 기대할 수 있다. 그리고 이를 시행하기 전 신속한 구제 체계 및 올바른 대상자 선별을 위한 안전장치가 먼저 마련돼야 한다. 앞서 언급한 유산 기부로 이른바 간병지원희망기금을 조성해 간병 살인과 동반 자살의 위험이 있을 때 긴급 구제 요청을 할 수 있도록 하는 것도 좋은 방안이다. 죽음 앞에 소외된 이들의 마지막 희망 창구로서 우리 사회의 비극적 결과를 예방하는데 커다란 도움이 될 것이다.

나는 사단법인 웰다잉문화운동과 함께 호스피스와 연명의료결정 확대와 함께 독거 노인 공동 부양, 성년 후견인, 장기 기증, 유산 기부, 인생 노트 작성, 장례 절차 등을 포함한 '광의의 웰다잉' 법제화를 추진해왔다.

만약 10~20년이 흐르는 동안에도 광의의 웰다잉에 관한 아무런 사회적·국가적 대응이 없다면 결국 곧바로 안락사와 의사조력자살 입법화에 직면하게 될 것이다. 거듭 강조하건대 정부는 안락사 및 의사조력자살에 대한 요구가 더 거세지기 전에 광의의 웰다잉을 정책적·제도적으로 추진해야 한다. 간병 살인이 끊이지 않아 안락사 법제화라는 예측된 미래가 현실이 된다면 그 책임을 누가 질 것인가? 그때 가서 그것만이 가장 현명한 대응이라면 더 큰 불행을 막기 위해서라도 갈 수밖에 없게 된다. "호미로 막을 것을 가래로 막는다"는 속담을 떠올려보자. 일이 더 커지기 전에, 비극이 더 일어나기 전에 막아야 한다.

광의의 웰다잉에 관한 노력과 제도화가 이뤄지지 않고 품위 있게 죽을 권리에 대한 국민적 요구가 방치됨으로써, 결국 안락사 법제화에 앞장설 수밖에 없는 상황이 벌어지지 않기를 간절히 바란다.

제8장

이별을 돌보는 일, 국가가 나서야 할 때

1960년 초 우리나라 최초로 강릉 갈바리의원에 호스피스가 도입된 이후 약 40년이 지난 2002년 정부가 호스피스 법제화 청사진을 제시했다. 내가 국립암센터에서 삶의질향상연구과장으로 일하던 때였다. 나는 그해 8월에 정부 정책이 발표되기 전 5월 초에 보건복지부 암관리정책과장과 함께 대만과 일본으로 출장을 떠났다. 이들 국가에서 호스피스를 어떻게 하고 있는지 눈으로 확인하기 위해서였다.

먼저 대만으로 건너가 보건 담당 국장과 면담하고 맥케이병원 및 국립대만병원 호스피스 병동을 방문했다. 그런 뒤 일본 후생

성과 일본국립암센터 완화의료 병동과 피스하우스 호스피스 기관을 방문했다. 갑작스러운 결정에 따른 방문이었지만 두 나라 관계자들 모두 적극적으로 도움을 줬다. 당시 우리 정부는 말기 환자의 통증 완화의료를 위한 전용 병상 설치를 의무화하고 소형 병원(10~30개 병상 보유)을 호스피스 전문 병원으로 전환 유도하겠다고 발표했다. 아울러 호스피스 전문 병원에 대해 건강보험 수가 인센티브를 부여해 일당 정액제를 원칙으로 해서 포괄수가제를 인정하는 등 호스피스 건강보험 수가를 신설하기로 했다. 나아가 의료법 시행규칙에 호스피스 전문 간호사 제도 도입을 위한 근거 조항을 마련하는 등 호스피스 전문 인력을 육성한다는 계획을 세웠다.

이후 다양한 호스피스 완화의료 제도와 사업이 추진됐다. 연명의료결정법이 통과된 후 정부는 호스피스에 건강보험 수가를 적용했으며, 가정 호스피스와 완화의료 자문팀에 대한 수가 시범사업도 시작함으로써 높은 수준의 서비스가 제공됐고 환자 가족의 간병 부담이 줄어들었다. 그렇지만 호스피스의 철학과 원칙을 구현하기에는 턱없이 부족한 상황이다. 과거에 비하면 상당한 진전이지만, 여전히 상급병원들이 외면하고 있으며 시설과 인력도 역부족이다.

│ 이대로는 어려운 웰다잉 │

현재의 문제점에 관해 몇 가지 짚어보자.

첫째, 요양병원이나 가정에서 현대판 고려장처럼 의료윤리 및 생명윤리에 어긋나는 현상이 일어날 수 있다.

둘째, 말기 암 환자 외에 다른 만성질환자는 임종이 임박한 시점을 판단하기 어렵다. 그래서 말기가 예상되지 않더라도 그 전에 자신의 삶과 죽음에 대해 생각하고 준비할 수 있는 시간을 갖는 게 중요하다. 사전돌봄계획이라는 이름으로 법안에 넣은 것도 이런 이유에서였다. 하지만 보건복지부는 연명의료계획으로 통일해주기를 원했다. 사실 내용을 보면 연명의료보다는 포괄적인 사전돌봄계획이어야 했는데 아쉬움이 많다.

셋째, 현재 호스피스 병상과 인력이 너무 부족하다. 연명의료결정법은 호스피스와 연명의료 결정을 통합한 법안이다. 법안 통과 후 1년 6개월이 지나 호스피스 법안이 시행되도록 호스피스에 선제적으로 투자해 시설과 인력을 갖춘 뒤 연명의료결정법이 시행되기를 기대했다. 그러나 정부는 매우 소극적이었다. 2020년 기준 완화의료 병동을 갖춘 병원은 모두 86곳이며, 합치면 1,407개 병상을 보유하고 있다. 2019년에 말기 암 환자의 24.3%와 후천성

면역결핍증, 만성폐쇄성 호흡기질환, 간경화를 포함한 호스피스 대상자의 22.4%가 이용했다. 이는 2019년 사망자 수 29만 5,132명의 6.7%에 불과하다. 미국의 경우 2018년 기준 메디케어 사망자의 50.7%가 이용한 데 비하면 절대적으로 부족하다.

더 안타까운 사실은 코로나19 여파로 호스피스 병동이 더 줄었다는 것이다. 코로나19 확산은 환자들에게서 존엄한 죽음의 기회마저 앗아가고 있다. 2021년 10월 17일 〈동아일보〉 기사에 따르면 말기 환자를 돌보는 호스피스 병상은 2019년 1,416개에서 2021년 6월 기준 1,155개로 18.4% 감소했다. 호스피스 병상을 둔 병원 86곳 가운데 17곳이 코로나19 전담 병원으로 차출됐기 때문이란다. 그렇지 않아도 모자란 병동과 병상이 더 줄어들었다. 아무리 국가 재난 상황이라지만 그것이 최선이었는지 묻고 싶다. "어차피 죽을 사람들이니까"라는 가벼운 생각에 따른 것이라면 존엄한 죽음에 대한 국가의 책임은 허상이라고밖에 볼 수 없을 것이다.

정부의 태도에 계속 의구심이 드는 까닭은 그간의 행태 때문이다. 세계적으로 인구 100만 명당 50개 병상이 필요한 것으로 추정되고 있어 2005년 '암정복 2015' 설계 당시 우리 인구 5,000만 명 기준으로 볼 때 2015년까지 2,500개 병상이 필요하다고 했지만, 2013년 11월에 정부는 2020년 1,400개 병상으로 목표를 하향 조정했다. 최소한 암 환자의 50% 정도는 2025년까지 호스피스를 이용할 수 있도록 해야 하고, 다른 만성질환자들에게도 호스피스 이용 기회를 주기 위한 목표를 정해 호스피스 기관을 육성해야 한다. 이를 위해서는 별도의 예산을 마련해 투입해야 하지만 현재로서는 특단의 조치 없이는 어려워 보인다.

미국이나 대만, 국민건강보험공단이나 국립암센터가 분석한 결과에서 보듯이 호스피스는 사망 1개월 전 의료비의 40~60%를 절감시킬 것이다. 중요한 것은 절감되는 건강보험 재정을 호스피스 기관을 신설하고 인력을 늘려서 질을 높이는 쪽에 투자해야 한다는 점이다. 정부가 재정 지원을 하고 건강보험 수가를 신설해 호스피스 기관들이 늘어나고 있기는 하지만, 획기적인 종합대책을 마련하기 전에는 호스피스의 기본 철학을 수행하기에는 턱없이 부족한 게 현실이다. 입원일수가 줄면 새로운 병실이 생기는 효과가 있고 중증질환 환자가 입원할 수 있는 효과가 생긴다. '빅5' 병원 가운데 서울성모병원만 유일하게 입원형 병실을 갖춘 호스피스 기관으로 인정되고 있다. 서울대학교병원과 삼성서울병원은 병동을 만들었다가 폐쇄하기까지 했다.

암 치료를 주로 담당하는 상급병원들이 환자가 치료 불가능해

나는 품위 있게 죽고 싶다

졌다고, 자신들의 책임이 아니라고 쫓아 내보낼 것이 아니라, 단 1주일이라도 통증 조절과 심리적 지원을 통해 준비시킨 다음 환자가 사는 곳에 가까운 호스피스 병원으로 옮길 수 있도록 할 수 있어야 한다. 환자 가족에 대해서도 정서적 지지와 마음의 준비를 배려해야 한다. 병원들은 임종을 앞둔 환자에 대해 수익성보다는 책임 있는 모습을 보여야 하며, 정부는 상급병원들이 참여할 수 있는 유인책을 마련해야 한다.

넷째, 환자를 호스피스에 너무 늦게 보낸다. 현재 호스피스 제공 대상자는 기대 수명 6개월 이내의 말기 환자로 한정한다. 그런데 이마저도 이용 기간이 평균 31.8일, 중앙값이 17일에 불과하다. 다시 말해 평균 1개월 정도 이용하며 절반이 17일 내 사망한다는 것이다. 삶을 잘 마무리하고 품위 있는 죽음을 준비하기에는 너무 짧은 기간이다. 호스피스로 너무 늦게 보내서 적절한 서비스를 받지 못한다. 호스피스 활성화를 위해서는 환자에게 호스피스를 선택할 기회를 보장해야 한다. 적극적인 항암 치료(수술, 방사선 치료, 항암제 등)가 효과가 없는 시점인 말기 상황일 때조차 환자에게 말기라는 사실을 알리고 호스피스를 선택할 수 있다는 사실에 대한 설명이 제대로 이뤄지지 않고 있다. 이미 살폈듯이 암 환자와 가족을 대상으로 한 연구에 따르면 환자의 95% 이상이 말기 사실을 알고 싶어 하고 말기 치료 결정에 자신의 의사를 표명하고 싶어 한다. 암 환자들은 인생을 정리하고 의료진과 협력해 적절한 치료를 받기 위해서, 불필요한 치료로 인한 가족의 부담을 덜기 위해서라도 예후를 알고 싶어 한다. 완화의료를 진행 암 단계부터 제공하면서 자연스럽게 호스피스로 연계할 수 있는 시스템을 구축해야 한다. 그러려면 병원 관행부터 바꿔야 한다.

│ 좋은 죽음에는 사회적 합의가 필요하다 │

죽음을 어디서 어떻게 맞이하는 게 바람직한지에 대한 사회적 합의가 필요하다. 전체 국민의 약 80%가 병원에서 죽음을 맞이한다. 암 환자는 90%가 넘는다. 임종 장소로 좋은 곳이 병원일까 집일까? 아니면 호스피스에서 임종하는 것이 바람직할까? 장소보다 중요한 것은 임종 과정에서 겪는 신체적 고통을 완화할 수 있는 의료 제공이 수월해야 하고, 가족에게 간병 부담을 줄여주면서 사회적 관계를 유지할 수 있어야 하며, 경제적 문제로 선택에 제한이 없어야 하고, 환자가 품위 있는 마무리를 할 수 있어야 한다는 점이다. 이를 고려해 우리나라 환경에 맞는 사회적 합의를

나는 품위 있게 죽고 싶다

이끌어내고 그에 필요한 자원을 지원하는 정책과 재정 마련이 필수다.

지금 당장 이뤄져야 할 가장 중요한 부분은 앞으로 우리가 어떻게 죽음을 맞이하는 것이 바람직한지 사회적 논의를 거쳐 합의하고 실행하는 것이다. 어떤 내용의 서비스를 받아야 하는지에 대해서는 아직 사회적 합의가 없다. 법에 들어가 있는 것은 최소한의 범위이고, 법에 담지 못한 국가와 사회가 해야 할 것들에 대해 사회적 합의가 있어야 한다. 시설, 인력, 돌봄 지침과 예산이 필요하기 때문이다.

그리고 이런 것들이 실제로 이뤄지기 위해서는 병원에서 임종 과정에 있는 환자에게 어떤 의료 서비스를 제공할지에 대한 지침도 마련해야 한다. 일반적인 질병에 대한 진료 지침은 근거에 입각해 의료인들이 만들면 되지만, 죽음에 이르는 과정에서 겪는 통증 조절뿐 아니라 치료 중단과 인생 정리 및 삶의 마무리 등을 포함하는 '광의의 웰다잉' 지침은 사회적 합의를 통해 이뤄져야 한다. 사회적 가치 및 문화적 가치에 따라 내용이 달라질 수 있기 때문이다.

의료 행위의 의사결정은 '누가―언제―어디서―무엇을―어떻게―왜'라는 육하원칙의 진료 지침에 따라 이뤄진다. 의료 현장에서 시시각각 변하는 환자 상태와 치료 반응에 대한 의학적 판단이 개별 환자의 치료 결정에 중요하긴 하지만, 치료 결과의 불확실성과 예측의 오류 가능성 때문에 진료 지침으로 절차를 명시해 이를 지키도록 권고하고 있다. 진료 지침은 최신 임상 연구 결과와 전문가들의 합의에 근거해 작성되며 지속적으로 개정되고 있다. 특히 연명의료 중단에 관한 판단 시 반드시 고려해야 할 사항은 의학적 판단의 불확실성이다. 환자의 회복 가능성 0%~100%는 확률에 불과하며 예측과 실제는 전혀 다르게 나타날 수 있다. 현재 우리에게는 광의의 웰다잉에 관한 표준 지침이 없다. 광의의 웰다잉이 의사 개개인의 지식, 경험, 가치관이 아닌 최신 임상 연구결과에 근거하고, 활용 가능한 사회적 자원과 죽음에 대한 여러 가치를 종합해 마련한 사회적·문화적 절차에 따라 체계적으로 이뤄져야 할 것이다.

국민의 죽음에 대해 아직 사회적 합의를 이루지 못한 우리나라에서는 돌이킬 수 없는 죽음이 임박한 상황에서도 중환자실에 입원하거나 인공호흡기를 사용하는가 하면 심폐소생술 등 연명의료를 시행하는 의료 집착 현상이 만연해 있다. 앞서 지적했듯이 1997년 보라매병원 사건에서 의료진에 살인방조죄를 판결한 이후 의료 현장에서는 불필요한 연명의료를 실시하는 경우가 더욱

나는 품위 있게 죽고 싶다

많아지게 됐다. 이는 과도한 의료비 지출로 이어져 임종 전 1개월 및 1년 동안 연명의료에 전체 의료비의 30~40%가 지출됨으로써 가족과 건강보험의 부담이 되고 있다. 연명의료결정법이 있어도 연명의료는 끊임없이 이뤄지고 있다. 그러면서 한편으로는 독거노인 환자의 간병 인력이 없어 고독사가 빈번하고, 경제적 부담으로 자살하는 환자들이 발생하는가 하면, 배우자나 자식의 간병 살인까지 벌어지고 있는 현실이다.

| 갈 길 먼 연명의료결정법 |

2021년 현재 우리나라에서는 출생자보다 사망자가 많아졌다. 예상 출생자는 29만 명이지만 사망자는 30만 명이 넘는다. 탄생을 기뻐하는 사람들보다 죽음을 슬퍼하는 사람들이 더 많아졌다. 2025년까지 5년간 국민 176만 명이 죽음에 직면할 것이며, 880만 명의 가족들이 사랑하는 사람의 죽음으로 슬픔을 겪을 것이다. 국민 5명 중 1명이 5년 내 죽음을 맞이하거나 상실의 아픔을 겪는 셈이다.

2021년 12월 현재, 연명의료결정법이 통과된 지 약 6년이 됐고 세브란스병원 김 할머니가 임종한 지 12년이 됐다. 2018년 2월 시행부터 본격 실시되면서 연명의료를 결정한 환자가 늘고 있는 것도 사실이다. 2020년 5만 4,942명이 연명의료 중단을 결정했다. 2020년 사망자 30만 5,085명의 18%에 해당한다.

그러나 여전히 문제가 많다. 3명 중 2명은 변함없이 환자의 가족에 의해 결정됐으며 이것이 관행처럼 고착화하고 있다. 환자 3명 중 1명은 본인이 직접 결정했지만, 95%는 임종 직전에 연명의료계획서를 작성했다. 건강할 때 작성한 사전연명의료의향서에 의한 결정은 5%에 불과하다. 충분한 설명과 이해와 합리적 의사에 의해 결정됐다고 볼 수 없다. 강요된 결정이다. 연명의료결정법 제1조에서 명시한 "환자의 최선의 이익을 보장하고 자기결정을 존중"한다는 목적이 무색하다. 2021년 8월 10일에는 마침내 100만 명이 사전연명의료의향서를 작성했다. 하지만 늘고 있다는 사전연명의료의향서마저도 전체 성인 인구의 약 2.2%만 작성했다. 국민의 46.2%는 의향이 있지만, 뭘 어떻게 해야 하는지 잘 모르고 시스템이 불편하기 때문에 참여가 미미한 것이다.

더 심각한 문제는 연명의료결정 과정을 밟지 못하고 사망한 82%의 환자들이다. 2018년 기준 호스피스를 이용한 사망자도 6.7%에 불과했다. 나머지 75% 사망자 23만여 명은 연명의료를

계속 받으며 숨졌는지 그렇지 않았는지도 알 수가 없다. 앞으로
도 별로 개선되지 않고 반복되리라는 전망에 더 절망적이다. 연
명의료에 대한 본인 의사를 확인할 수 있는 가장 확실한 방법은
병원 입원 시 또는 응급실 방문 시 사전연명의료의향서를 확인하
고 의무기록에 첨부하며, 없는 경우 안내를 받고 싶다면 설명하
고, 희망하면 작성하도록 하는 것이다.

　원래 병원은 최상을 희망하되 최악을 대비해야 하는 곳이다. 죽
음은 언제든지 올 수 있고, 사전에 대비해 자신의 의사를 밝히도
록 하는 것은 오히려 자기결정권을 존중하는 일이며 정상적인 의
료 행위다. 그런데 보건복지부와 병원들이 국민 정서를 이유로
반대하고 있다. 최악의 경우를 가정해 충분한 정보를 제공하고
기분 상하지 않게 하면서 부드럽게 설명하는 데는 기술이 필요하
다. 이른바 '넛지', 즉 자유주의적 개입이다. 환자나 가족이 너무
서두른다거나 부담스럽게 느낀다면 위기 상담 능력을 갖추고 방
안을 찾으면 된다. 정부와 병원의 노력이 부족한 탓이지 국민 정
서 탓을 하면 안 된다.

│ 줄어들지 않은 연명의료 │

"이 법은 호스피스·완화의료와 임종 과정에 있는 환자의 연명의료와 연명의료 중단 등 결정 및 그 이행에 필요한 사항을 규정함으로써 환자의 최선의 이익을 보장하고 자기결정을 존중하여 인간으로서의 존엄과 가치를 보호하는 것을 목적으로 한다."

연명의료결정법 제1조의 내용이다. 이 법은 3가지 선언의 의미가 있다. 첫째, 질병 치료가 불가능해졌을 때 죽어가는 국민을 '포기'하는 것이 아니라 '돌보겠다'는 것이다. 둘째, 피할 수 없는 죽음을 '실패'가 아니라 삶의 '완성'으로 승화시키겠다는 것이다. 셋째, 죽음을 '환자와 가족'만이 아니라 '사회와 국가'가 책임지겠다는 것이다.

'돌보겠다'는 것은 호스피스 또는 임종 돌봄을 제공한다는 뜻이며, '삶의 완성'은 웰다잉을 위한 사전돌봄계획을 세워 개인의 삶과 죽음을 정리하고 의미를 부여한다는 의미다. 연명의료결정은 그중 하나일 뿐 전부가 아니다. 개인의 웰다잉을 '사회와 국가'가 책임지기 위해 이 법을 만든 것이다.

국민이 원하는 것은 그저 연명의료결정만이 아니다. 국민은 웰다잉을 원한다. 의사들도 원한다. 안 되는 이유는 무엇일까? 정부의 결단이 부족하기 때문이며, 국민의 품위 있는 죽음에 대한 절실함이 없기 때문이다.

2020년 기준 30만 5,085명이 사망했다. 이 가운데 약 75%가 병원 등 의료기관에서 사망했다. 병원에서 사망하는 하루 평균 627명의 임종 과정에 있는 환자가 매일 연명의료결정의 대상이 된다. 미국의 경우 국민의 36.7%는 어떤 형태로든 사전연명의료 의향를 작성하고 있다. 대국민 조사 및 미국 통계와 비교해볼 때 무척 저조한 수치이며 국민의 희망과도 거리가 멀다. 획기적인 전환점 없이는 10년 뒤에도 10%에 채 미치지 못할 것이다. 지금의 추세로는 연명의료결정 제도가 정착되는 데까지 아주 오랜 시간이 걸린다. 정부는 형식적 제도만을 시행하고 있으며, 현재에 만족하면서 추가 목표 없이 그저 개선하겠다고만 하고 있다.

2021년 9월까지 연명의료계획서는 모두 7만 4,445명이 작성했고, 실제 연명의료 중단 이행은 17만 7,326명이었다. 2018년 사망 인구 기준으로 2018년 12.0%, 2019년 16.4%, 2020년 18%이었다.

그러면 앞서 언급한 연명의료 중단 등 결정 과정을 거치지 않은 75% 이상의 환자들은 어떻게 사망한다는 걸까? 사망 전 연명의료 시행이 더 늘어난 것인지, 심폐소생술금지요청서인 DNR(Do

Not Resuscitate)을 여전히 쓰고 심폐소생술을 하지 않는다는 것인 지는 자료가 없어서 알 수가 없다. 밝혀야 한다. 그래야만 문제점 을 파악하고 대책을 마련할 수 있다. 여러 차례 정부에 요청했지 만 묵묵부답으로 일관하고 있다. 보건복지부는 DNR에 대해 "임 상에서 많이 활용하고 있는 문서이기는 하나 의료 기관에서 자체 적으로 활용해오던 임의 서식이며, 작성 주체 및 작성 방법 등도 통일돼 있지 않다"고 지적했다.

더불어 "DNR은 임종 과정이라는 의학적 판단을 전제하기보다 심정지라는 특수 상황에 활용되는 서식이며, 환자의 의사결정 능 력에 대한 확인 없이 가족 또는 불특정 대리인에 의해 환자에 대 한 연명의료 유보 또는 중단을 결정하는 경우는 환자의 자기결정 을 존중하고 대리 결정을 허용하지 않은 연명의료결정법의 입법 취지에 부합한다고 보기 어렵다"고 해석했다. 따라서 "연명의료 결정법과 관계없이 응급 상황 등 의료기관 판단하에 DNR 사용 의 가능성은 있겠으나, 연명의료결정법에 따라 보호받을 수 있는 결정은 아니다"라고만 밝혔다. 국회는 정부가 그동안의 연명의료 중단 등 결정 현황에 대한 분석 및 해결 대책을 마련하도록 촉구 해야 한다.

어쨌든 75% 이상의 환자들이 연명의료 중단 등 결정 과정을 거

나는 품위 있게 죽고 싶다

치지 않고 사망한다는 사실은 명확하다. 국회는 의사협회와 병원협회, 언론과 시민단체로 공동대책본부를 구성해 의료 현장을 정확히 파악하고 현장 중심 대책을 만들어야 한다. 국립연명의료관리기관 자료와 건강보험공단 자료를 연계하면 연명의료 중단 등 결정에 따른 사망 전 진료 행태와 비용을 분석할 수 있기에 문제점들을 파악할 수 있고, 의료비에 대한 영향 등을 분석할 수 있다. 이는 향후 연명의료결정법을 개선하는 데 귀중한 자료로 쓰일 것이다. 나아가 병원협회 협조를 구해 각 병원의 연명의료결정과 심폐소생술, DNR 사용 등의 상황을 점검함으로써 의료 현장 중심의 해결 방안을 모색할 수 있을 것이다.

늘어나는 숫자는 매년 해가 바뀌면서 발생하는 자연 증가에 불과하다. 생존 인구 대비 숫자로 변화를 파악하고 매년 사망 인구 대비 연명의료 중단 등 결정 인구를 비교 분석해야 진실이 보인다. '보이지 않은 고릴라'처럼 관심을 갖지 않으면 보이지 않는다. 연명의료 중단 등 결정 과정을 거치지 않고 여전히 시행되는 심폐소생술 등의 행태를 정확히 파악해 대책을 강구하지 않으면 결국 그 책임은 미래에 죽음을 맞이할 우리가 떠안게 된다.

│ 지금 당장 병원 관행을 바꿔라 │

2018년 8월 〈국민일보〉 기사에 따르면 사전연명의료의향서를 작성한 폐암 말기 환자가 연명의료인 심폐소생술을 받고 3주간 인공호흡기를 달고 있다가 사망했다. 그 환자는 본인이 직접 사전연명의료의향서를 작성해 말기 또는 임종 과정에 접어들면 심폐소생술, 인공호흡기, 항암 치료, 투석과 같은 연명의료를 받지 않겠다고 분명히 밝혔다. 사전연명의료의향서는 국립 연명의료 관리 기관 전산망에 등록됐다. 그런데 요양병원에 입원한 환자의 상태가 나빠지자 당직 의사는 심폐소생술을 하고 기관지 삽관술을 시행했다. 해당 요양병원에는 의료기관윤리위원회가 설치돼 있지 않아 전산망에 등록된 환자의 사전연명의료의향서를 확인할 수 없어서 응급조치를 취한 것이었다.

환자는 구급차로 대학병원 응급실에 옮겨졌고 곧바로 중환자실로 이동해 3주간 인공호흡기를 착용했다. 법적으로 보장된 임종 권리가 박탈된 채 연명의료를 받다가 고통 속에 세상을 떠났다. 환자의 자기결정권을 존중하기 위해 만든 법이 제대로 적용하지 못한 맹점이 적나라하게 드러났다. 가족이 요양병원 의사에게 환자가 사전연명의료의향서를 작성했다고 밝혔는데도 받아들여지

나는 품위 있게 죽고 싶다

지 않았다.

당연한 말이지만 요양병원에 입원할 당시 사전연명의료의향서 작성 여부를 확인하고 본인의 의사를 다시 확인한 다음, 의무기록에 명시했어야 했다. 연명의료결정법은 형식적으로 적용되고 있을 뿐이었다. 요양병원에서 사망하는 환자가 늘고 있고, 2021년 10월 기준 요양병원 1,466개 가운데 5.0%인 74개 요양병원만이 의료기관윤리위원회가 설치돼 연명의료 중단 등 결정을 할 수 있다. 2021년 10월 기준 54개 기관에서 20개 기관만 늘었을 뿐이다. 요양병원에서의 삶의 마지막을 보내는 환자들이 계속 늘고 있는데, 2021년 10월까지 1,466개 요양병원에서 연명의료 중단 등 결정이 이뤄진 경우는 전체 18만 1,978건 중 1,629건(0.9%)에 불과했다.

세계보건기구에서도 권장한 호스피스마저 우리 국민은 이용하기 어렵다. 호스피스가 말기 암을 포함한 만성호흡기질환, 간경화, 후천성면역결핍증 등 4개 질환으로 확대됐다고는 하나 그 밖의 환자들에게는 원천적으로 봉쇄돼 있다. 질병에 따른 형평성에 심각한 문제가 있다. 2015년 국민건강보험공단 건강보험정책연구원이 국회에 제출한 자료를 보면, 상급종합병원 사망 대상 환자의 사망 직전 입원일수는 질환별로 비슷하지만, 사망 직전 1인당 건강보험 급여진료비는 만성 간경화, 만성 신부전, 뇌졸중, 울혈성 심부전, 만성 폐쇄성 폐질환, 파킨슨병, 치매 등이 암보다 훨씬 높았다. 연명의료결정법 통과 당시 국회와 복지부가 말기 환자 확대 범위를 결정하는 과정이 석연치 않다. 호스피스국민본부가 실시한 대국민 설문 조사에서 치매, 파킨슨병, 뇌졸중 등의 호스피스 이용을 희망한 국민의 뜻과는 전혀 달랐다.

결국 정부는 호스피스 장려가 아니라 규제 정책을 실시하고 있는 셈이다. 환자들에게 호스피스를 설명하지 않고 선택 기회를 주지 않는 의사와 병원은 비윤리적이다. 환자의 자율성을 침해하는 것이며, 의사의 선행 원칙에도 어긋난다. 규제해야 할 것은 치료 효과도 없이 처방되는 항암 치료와 면역요법, 연명의료다. 회복이 불가능한 상태에서조차 끝까지 항암 치료를 시행해 오히려 죽음을 앞당기거나, 효과가 검증되지 않은 면역요법으로 죽음을 준비할 기회를 빼앗는 의료기관과 의료진은 규제해야 한다.

연명의료 결정에 관한 병원의 관행과 문화도 바뀌어야 한다. 중증질환으로 응급실을 찾거나 입원한 환자에 대해서는 먼저 사전연명의료의향서를 확인해 의무기록에 명시토록 하자. 의향서를 작성하지 않았다면 의향을 묻고 설명해서, 작성을 희망할 경우 동의를 구해 작성한 다음 역시 의무기록에 올리도록 하자. 이를 위해 병원 내 감염관리 체계처럼 중증질환자 연명의료 진료 지침과 전담 조직을 마련해야 한다. 이와 함께 연명의료계획서 작성을 위한 진료 지침을 모든 의료진을 대상으로 교육해야 한다. 그렇게 해야 사전연명의료의향서나 연명의료계획서 작성 비율이 늘 것이며, 제대로 환자의 의사를 존중한 연명의료결정을 할 수 있다.

상태가 악화하거나 의식이 없을 때 확인하는 것은 너무 늦다. 사전연명의료의향서나 연명의료계획서를 미리 확인하지 않은 상태에서 응급 상황이 발생하면 어떻게 대처할지 몰라 당황하거나 부적절한 연명의료 중단 등의 결정이 이뤄질 수 있다. 과도하다고 할 만큼의 선제적 조치로 병원 내 대응 시스템을 갖추고 도상 훈련을 실시해야 한다. 불행한 일이 일어나지 않도록 모든 병원이 의향서 작성을 돕는 등록 기관이 돼야 하는 이유다. 정부는 이를 예산이나 수가로 뒷받침해야 활성화하고 정착시킬 수 있다. 언론의 협조를 구해 국민의 인식을 전환하려는 노력도 필요하다. 유명인들이 앞장서서 사전연명의료의향서 작성에 참여하고 미담 사례로 알리는 것도 고려해볼 만하다. 가족과 죽음에 대한 대화를 나눌 수 있는 계기를 만들 수 있을 것이다. 범국민적 웰다잉 문화 운동으로 전개될 때 비로소 우리 국민 모두가 임종 과정에서의 고통스러운 연명의료를 중단하고 죽음을 삶의 완성으로 승화해 정신적 유산을 사랑하는 사람들과 세상에 남기고 베풀면서 떠날 수 있다. 그 전에 평소 연명의료결정에 관한 사항과 호스피스 이용에 대해 자신의 의사를 사전연명의료의향서로 작성하거나 가족에게 밝히고, 서면 또는 녹음으로 기록해 남겨둬야 한다. 그래야 연명의료에 대한 자신의 소신이 지켜질 수 있다.

보건복지부에서는 차관이 위원장이 되는 국가호스피스연명의료위원회를 두고 종합계획 및 시행계획을 수립하도록 돼 있다. 그러나 보건복지부 내에 말기 암 환자의 완화의료(질병정책과), 장례지원(노인지원과), 연명의료 법안(생명윤리정책과), 의료 수가(보험급여과), 장기요양보험(요양보험제도과) 등의 업무가 여러 부서로 분할돼 있어 통합적인 웰다잉 정책을 펼치기 어렵다. 체계적 정책 수행을 위해 호스피스 및 연명의료결정 등을 포함한 광의의 웰다잉 전담 조직을 신설하는 등 조속히 조직을 정비해야 한다.

| 존엄한 죽음, 호스피스 투자가 답이다 |

중앙호스피스센터 자료에 따르면 호스피스 이용 환자의 절반이

17일 이내 사망했으며, 10명 중 7명이 5주 이내에 사망했다. 계속 말하지만, 너무 늦게 보내고 있다. 10여 년 전이나 별반 차이가 없다. "호스피스에 가면 빨리 죽는다"는 오해를 불식시키기 위해 조기에 의뢰하도록 제도를 개선해야 한다. 환자들에게 좋은 죽음을 위한 돌봄을 제공하는 데도 충분한 시간이 필요하다. 긴급한 통증 조절, 가족의 휴식, 임종 시점 조정 등 입원이 꼭 필요한 시기도 있다.

호스피스는 공식적으로 86개 기관 1,429개 병상이 있다. 우리 인구 5,000만 명에 필요한 2,500개 병상(100만 명 당 50개 병상 기준)의 절반 정도에 불과하다. 전체 사망자의 6.7%만 이용했다면 문제가 있다. 이유를 잘 살펴야 한다. 가정을 방문하는 가정형, 일반 병실에 전문 인력이 방문하는 자문형, 요양병원형으로 확대하고 있지만, 세종시처럼 아예 없는 지역도 있으며 지역별 불균형도 심각하다. 2019년 기준 대상 질환(암 및 비암성) 사망자 대비 이용률 최고는 광주 30.8%이며 최저는 충남 12.8%다.

노인 인구가 급증하는 초고령 사회가 머지않았고, 급속한 사망자 증가에 따른 수요를 감당하려면 사회 공공재로서 호스피스에 대한 선제적 투자가 시급하다. 환자가 희망하고 의사가 의뢰하려고 해도 병원에 전문가가 없고 병실조차 없으니 아예 관심도 갖지 못하고 포기하기 일쑤다. 결국 치료 중심 병실에서 웰다잉 준비는 되지 않고 연명의료만 받거나 방치된 채 세상을 떠나게 된다. 선진국이라 하기에 무색한 현실이다. 웰빙도 중요하지만 웰다잉에도 관심을 가져야 한다.

호스피스 기관을 새로 짓는 방법도 있다. 그 전에 장례식장을 호스피스 기관으로 개조하는 것을 생각해볼 수 있다. 이 또한 설문 조사를 했더니 국민 80%가 찬성했다. 대학병원을 포함해 종합병원에 장례식장이 있는 나라는 우리나라가 유일하다. 일반 병동을 호스피스 병동으로 전환하는 것도 방법이다. 임종 환자가 새로 입원하는 것이 아니다. 이미 병실에서 죽음을 맞이하고 있다. 그 병상 수 만큼을 호스피스 병동으로 전환해 운영하면 된다. 그들의 절반만이라도 호스피스 병동에 입원하고 전문팀이 일반 병실 입원 환자들을 방문토록 한다면 새로 짓지 않아도 된다. 기존 의료 인력을 전문 교육을 통해 재배치할 수 있다.

정부와 병원의 의지 문제다. 보건복지부는 호스피스 이용률을 현재 20%에서 5년 뒤 30%로 늘리겠단다. 전체 사망자의 6.7%에 불과한 이용률을 20%로 해석하는 복지부가 30%까지 늘리겠다는 말은 5년 뒤에도 대상 질환을 확대하기보다는 4개 질환에 대해서만 호스피스를 제공하겠다는 것으로 해석할 수밖에 없다. 규제

나는 품위 있게 죽고 싶다

중심 사고에서 벗어나지 못하고 호스피스를 희망하는 국민의 희망을 무시한 조치다. 예산 계획도 없다. 정부가 치중한 암 환자의 호스피스 이용률(24.3%)조차도 영국(95%), 미국(51%), 대만(30%)에 비해 턱없이 낮다. 호스피스 인프라를 확충하기 위한 선제적 투자는 임종 돌봄의 질을 높일 뿐더러 의료비도 절감하는 이중 효과를 볼 수 있다.

또 하나의 중요한 인프라는 자원봉사다. 독일의 경우 호스피스 자원봉사자가 되려면 130시간 교육을 받고 2년간 봉사하도록 하고 있다. 미국은 환자를 직접 돌보는 시간만을 산정해 자원봉사자 업무가 호스피스 기관이 환자에게 제공하는 전체 돌봄 시간의 5% 이상 되도록 의무화하고 있다. 호스피스 자원봉사라도 업무 자체가 단순 행정업무나 후원금 모금이 아닌 봉사 정신과 전문성을 필요로 한다. 보건복지부는 호스피스 전문 기관의 보조활동 인력을 양성하고자 40시간 교육을 한국호스피스·완화의료학회에 위탁하고 있다. 그럴 만한 사정이 있더라도 그것이 호스피스 정신과 철학에 부합하는지 의문이며, 간호·간병 통합 정책 방향과도 배치된다.

몇 해 전 국회 본회의에서 호스피스 완화의료 종합계획 수립 시 교육부와 행정안전부, 고용노동부, 문화체육관광부 등 관련 중앙

행정기관의 협의 조항을 신설 의결한 적이 있다. 당시 자유한국 당 김세연 의원이 발의한 개정안이었다. 교육부는 생명의 가치와 죽음에 대한 학교 교육을 지원해야 하며 행정안전부는 웰다잉과 사전 돌봄 상담 인프라를 위해 지자체 및 산하 기관들과 협조해야 한다. 노동부는 말기 환자 및 가족의 수입과 생활 안정을 지원해 야 하며, 문화체육관광부는 바람직한 임종 문화를 활성화하기 위 한 캠페인을 복지부와 협력해 시행해야 있다. 2016년 우리 연구 팀이 암 환자, 암 환자 가족, 일반인, 의료진을 대상으로 시행한 설문 조사에서 각 부처의 이 같은 역할에 대해 86~96%가 찬성 했다. 국민의 웰다잉을 위한 범부처적 협력이 이뤄지길 기대하고 또 기대한다.

그렇지만 늘 문제는 예산이다. 재정계획이 없다면 생색내기 정 책에 불과하며 선언적 의미만 남게 된다. 연명의료결정법 제정 당시 호스피스 기금과 재단 설립안을 법안에 담았다. 기금을 부 담스러워하는 보건복지부와 재단 설립에 반대하는 국회의원 한 사람 때문에 삭제됐다. 국민적 웰다잉과 호스피스 지원을 위해 서는 호스피스 기금과 이를 운영할 재단이 절대적으로 필요하다. 미국, 영국, 대만, 일본 등이 모두 기금과 재단을 운영하고 있다. 기금 설치에 대해서는 설문 조사 시 94%가 찬성했다.

나는 품위 있게 죽고 싶다

내가 지난 20년 동안 지켜봤으나 여러 대통령 중 국민의 품위 있는 죽음과 호스피스에 대해 언급한 인물은 아무도 없었다. 미국은 지미 카터에서부터 버락 오바마로 30년 넘게 이어진 '국가 호스피스의 달(National Hospice Month)'이 있다. 영국은 오랜 역사를 통해 '삶의 마지막 돌봄을 위한 국가적 전략(End-of-Life Care Strategy)'을 추진해왔다. 캐나다는 국회가 나서 삶의 마지막 돌봄을 '모든 캐나다인의 권리'로 선언했다.

대한민국 국민이 삶의 마지막까지도 호스피스를 통해 평등하게 존엄과 가치를 지니며 아름다운 삶으로 기억될 수 있도록 '모든 한국인의 권리'임을 선언하는 멋진 나라 대한민국이 되기를 간절히 희망한다.

매일매일 사랑하며 살아가는 삶

만남을 통해 상호 영향을 주고받는 것인데, 어머니께서 세상을 떠나신 후 통화를 할 수도 만날 수도 없다는 것이 가장 안타까웠다. 어머니의 존재는 그렇게 내 삶 속에서도 사라진 것일까? 아니었다. 어머니를 내 삶 속에서 살아계시게 하겠다는 결심을 했을 때 비로소 어머니를 떠나보낼 수 있었다. 내가 어머니의 삶이 내 삶 속에서 함께 살아가게 하겠다고 선택하는 순간부터 어머니는 다시 살아계셨다. 내가 살아있는 지금, 어머니와의 상호 영향은 계속되고 있다. 나는 떠나는 사람도 남은 사람들과 세상 속에 살아있다는 삶의 연속성을 믿는다.

죽는 자나 지켜보는 자나 고통으로 기억된 채 삶의 마지막을 맞이하거나 떠나보내고 싶어 하지 않는다. 인간인 우리가 단순히 부품처럼 살다가 자신의 존재 이유를 모른 채 죽는다면 그 삶은 얼마나 무의미한가? 인생의 마지막에서라도 자신의 삶을 정리하고 의미를 찾아 가치를 부여할 시간이 필요하다. 그때가 언제인지 모르니 미리 준비해야 한다.

떠날 준비가 됐다는 것은 남은 사람들의 삶 속에 내 삶이 이어진다는 사실을 받아들이는 일이며, 떠나보낼 준비가 됐다는 것은 내가 바로 그 삶을 이어 산다는 사실을 받아들이는 일이다. 우리가 사랑하는 사람들은 이렇게 우리 삶 속에서 부활해 새롭게 시작한다. 삶은 이어달리기와 같다. 우리는 아직 해야 할 일이 있기에 더 살아야 하지만, 어느 날 떠나야 할 때가 오면 바통을 기꺼이 넘겨주는 것이다. 미련 없이 후회 없이 넘길 수 있도록 정말 열심히 살아야 한다. 그리고 떠날 때는 부족하면 부족한 대로 바통을 이어받은 사람들이 내 몫까지 잘해내리라 믿고 떠나자. 인생을 어떻게 살다 갈지는 우리 스스로에게 달렸다.

사람은 무엇으로 사는가? 다른 사람의 배려로 산다. 의미 있는 삶을 위해서는 우선 건강해야 한다. 건강의 목표는 생명을 유지하는 것이며, 생명의 목표는 삶을 살아가게 하는 것이다. 그리고 삶의 목표는 의미 있게 사는 것이며, 그 의미는 우리가 향하는 삶의 끝에서 완성된다. 인간은 결국 죽음을 향해 나아가는 존재다. 인간이라면 누구도 피할 수 없는 죽음을 통해 삶을 완성하는 궁극적 목적을 지니고 있다.

죽지 않기 위해 사는 것도 아니고, 죽지 못해 사는 것도 아니다. 죽기 위해 열심히 살아가는 것이다. 의미 있는 삶을 살다가 아름답게 죽음을 마무리하는 것까지가 인생의 완성이다. 인간은 의미를 부여하는 존재이며, 우리는 같은 공동체 안에 살고 있다. 그 공동체 안에서 우리는 서로서로 베풀고 돌볼 수 있어야 한다. 그렇게 사는 것이 곧 의미 있는 삶이며, 그 의미 있는 삶을 거쳐 우리는 죽음이라는 피할 수 없는 또 하나의 문으로 들어서게 되고, 그문을 지나 또 다른 생명으로 새롭게 태어난다. 이것이 아름다운 마무리다.

미국에서 방영된 〈웨스트 윙(West Wing)〉이라는 정치 드라마가 있다. 대통령 바틀렛은 퇴임 길에 오른 비행기 안에서 정치 동반자이자 비서실장이던 스펜서의 딸로부터 퇴임 선물을 받는다. "바틀렛을 대통령으로"라는 글귀가 적힌 냅킨이었다. 선거 운동 당시 스펜서가 바틀렛을 대통령으로 만들겠다고 결심하면서 식당에 있는 냅킨에 급히 적은 메모였다. 초라한 냅킨에 짧은 메모지만, 미래를 이끌어간 의미 있는 의지를 담았던 위대한 선물이었다.

우리도 내가 사랑하는 사람들에게 미래의 가능성을 열어줄 사연이 담긴 의미를 메모로 전달하면 어떨까? 물질적 유산과 정신적 유산이 함께 담겨 미래를 이끌어갈 귀중한 선물이 될 것이다.

나는 죽음을 어떻게 받아들일 것인가? 평균 기대 수명이나 그 이상까지 살 수도 있겠지만 그 전에 갑자기 찾아올 수도 있다. 나는 준비가 돼 있는가? 나는 죽음을 어떻게 생각하며 기대하는 최상의 죽음은 무엇인가? 죽음은 공포심을 수반하지만, 죽음의 공포보다는 생전에 하고 싶었던 일들을 마무리하지 못하고 사라져야 하는 아쉬움이 가장 클 것 같다. 통증과 같은 증상은 의료진이 최선을 다해 조절해줄 것이고, 조절되지 않으면 완화의료를 통해 수면 상태에서 죽음을 맞이하게 해줄 것이다. 오래 사는 것이 중요할지 모르지만, 결국 지나고 보면 그 시간들이란 반복된 일들로 채워져 압축된 기억일 뿐이다.

아무리 의학이 발달해 수명이 늘어났다 해도 생물학적 존재의 소멸은 자연적이며 지극히 당연한 이치다. 나는 삶의 마무리는 생물학적인 존재를 넘어 고유한 가치와 의미 있는 삶으로 승화되기를 기대한다. 굳이 형식적으로 보일 필요는 없다. 그저 나 이후의 누군가의 삶 속에서 배어 살아 이어질 수 있기를 바랄 뿐이다.

나는 매장은 원하지 않는다. 화장이 좋다. 화장하면 나는 재가 될 것이다. 재를 자연에 뿌리면 좋겠지만, 여의치 않으면 납골당보다는 수목장이 좋겠다. 내 기일에 쓰라고 남겨둔 여윳돈으로 가족이나 친구들이 함께 만나 식사를 할 수 있는 시간을 가졌으면한다. 그리고 문득 내 생각이 났을 때 하늘을 보고 땅을 보고 미소를 지으며 "잘살았다" 한 마디만 해주면 고맙겠다.

생명은 누구에게나 소중하다. 나처럼 젊은 나이에 세상을 떠난가족을 둔 사람들에게는 더욱 소중하다. 두 자녀를 가슴에 묻은내 어머니의 고통을 알기에 의사로서 열심히 살았고, 어머니보다먼저 세상을 떠나서는 안 된다는 생각으로 매년 건강검진을 받았던 내게 생명은 무척 소중했다.

하루라도 더 오래 살고 싶은 마음에 아직 검증되지 못한 초기단계 연구에도 마치 불로초를 발견한 듯 관심을 갖지만, 우리 사회는 정작 죽음을 맞이하는 이들에 대해서는 소홀하다. 생명이소중하다면 그 생명의 죽음 또한 소중히 여겨야 도리에 맞다. 오늘날 우리는 장수와 불멸에 대한 욕망을 자극하고, 죽음에 관해서는 이야기하는 것조차 멀리하며 부정하는 문화 속에서 살고 있다. 생명의 소중함에 진정 관심이 있는지 의문이 든다. 개똥밭에 굴러도 저승보다는 이승이 낫다는 것인가? 언젠가는 이승을 떠나 저승에 갈 준비를 해야 할 텐데?

생명 연장의 신기루를 좇지만, 금세 가능할 것 같지만, 획기적인 수명 연장 기술 개발은 우리 세대에서는 어려워 보인다. 그러니 삶과 죽음의 가치와 의미를 망각하고 살다가 죽음에 맞닥뜨려 당황하지 말고 조금씩은 생각하고 준비해야 하지 않을까? 고흐, 이순신, 안중근, 윤동주와 같은 인물의 죽음이 당시에는 아쉽고 서글펐겠지만, 미완성으로서의 삶이 아니라 완전한 모습으로 완성된 죽음을 맞이했던 것인지도 모른다. 물론 그들이 더 오래 살았더라면 인류와 민족에게 더 위대한 유산을 남겼을지도 모르지만, 만약 그들이 그때 죽음을 맞이하지 않고 더 오래 살았더라도 나중의 삶이 더욱 훌륭했을지는 모를 일이다. 세상을 떠났던 그때가 인생의 화룡점정(畫龍點睛)이었을지도 모른다. 인류의 문화와 역사, 위대한 인물들의 삶은 올바른 생명관과 죽음관에 기초한 삶의 추구만이 진정한 가치가 있다는 사실을 보여준다. 얼마나 사느냐가 중요한 것이 아니라, 어떻게 살고 어떻게 마무리하는 것이 더 중요하다.

인간의 수명을 늘리기 위한 노력이 무의미하다는 뜻은 아니다. 다만 그런 노력과 더불어 돌이킬 수 없는 죽음이 찾아올 때 소중하고 의미 있게 맞이할 수 있는 개인과 사회의 역량을 기르는 노력도 필요하다. 이 세상에 이 시점에 태어난 것에 감사할 줄 알고, 함께한 사람들이 있어 행복했으며, 떠나는 사람이나 남는 사람들이 서로의 삶의 의미를 나누는 문화를 만들어야 한다. 살아오는 동안에는 미완성처럼 보인 삶을 가치 있게 만들어 사랑하는 이들에게 자신이 소중한 존재로 완성되도록 하는 의미 부여의 시간이 필요하다. 떠나간 이들의 삶은 결코 기억 속에서 지워져야 하는 가치 없는 삶이 아니다. 아름다운 죽음을 맞이한 이들의 추억을 간직하며, 그들의 정신과 삶을 이어 사는 것이 남은 우리의 몫이고 우리도 그렇게 돼야 한다.

인생을 살 때 단계 단계마다 목표를 세우고 목표가 이뤄지면 다시 시작한다. 우리는 다시 시작하기 위해 목표를 달성하고자 애쓴다. 입학과 졸업, 시험과 합격, 취직과 이직, 결혼과 이혼, 그리고 퇴직과 새로운 시작…. 인생의 마지막 순간이라는 죽음도 하나의 단계이며 앞으로 다른 시작이 있으리라고 기대해보자. 허황된 망상일 뿐일까? 그렇지 않다. 우리가 어머니 배 속에서 열 달을 준비해 두려움으로 시작한 삶을 살아왔듯이, 이 세상을 떠날 때 두렵지만 새로운 삶으로 시작해야 할지도 모른다. 새로운 시작을 위해 준비할 최소한의 시간을 가져보자. 적어도 열 달의 준

나는 품위 있게 죽고 싶다

비 기간은 필요하지 않을까?

나는 '진리'가 존재한다고 믿는다. 우리는 진리를 말로 표현하며 이야기한다. 하지만 언어란 규정적이고 제한적이다. 진리를 말로 표현하는 순간 진리는 제한되며, 표현된 진리는 진리의 일부로 전락한다. 진리를 왜곡한다고도 할 수 있다. 진리를 언어로 표현하기란 불가능하다. 그런데 왜 우리는 진리를 말하려고 할까? 진리의 유용성 때문이다. 우리는 우리의 삶을 선택하고 싶어 하며 그 선택이 옳은지 알고 싶어 한다. 그 시기 그 상황에 적용되는 상대적 진리가 현실적으로 필요하지만, 그 상대적 진리를 진리이게 하는 절대적 진리를 찾고자 한다.

삶과 죽음을 결정하는 순간, 중요한 선택의 순간에는 사소한 선택의 순간보다 더 망설이며 더 고민한다. 삶의 마지막 순간, 불가피한 죽음이 예상되는 상황에서 우리는 어쩌면 가장 중요한 선택을 해야 할지도 모른다. 인간의 자기결정권에 따른 삶의 마지막 순간에 대한 결정은 내 삶의 의미를 부여하는 마무리에 대한 선택이며, 그 선택이 비록 절대적 진리가 될 수 없을지라도 최소한 절대적 진리를 향한 선택으로서 유용하리라고 이해하면 좋겠다. 신이 아닌 인간의 선택으로서 존중해주자.

나는 오늘도 여행으로 하루를 시작한다. 진리를 찾는 여행이다.

음악을 들으면서 책 속으로 여행을 떠나고, 글을 쓰면서 진리를 탐구하는 여행을 떠난다. 진료실에서도 사람과의 만남으로 여행을 떠난다. 그 여행 속에서 나의 현재의 삶을 찾고, 태어나면서부터의 추억을 만나며, 미래를 준비한다. 오늘의 독서나 글쓰기가 마지막일지는 나도 모른다. 그러나 마지막 순간일지도 모르기에 항상 최선을 다한다. 설령 그 순간이 오더라도 미련 두지 않으려고 말이다.

나는 현재를 있게 해준 자연과 사람들의 사랑에 감사하고, 현재에 존재하는 나를 사랑하며, 현재로 다가올 미래의 그들에게 내가 받은 사랑을 돌려주고, 마지막 손님인 죽음을 맞이할 것이다. 내 삶의 파노라마를 안주 삼아 술 한잔 들고, 두렵지만 기쁨으로 새로운 세계로의 여행을 떠날 것이다. 그곳에는 책도 없고 음악도 없고, 진료실도 사람과의 만남도 없겠지만, 또 다른 형태로 진리를 찾는 여행이 기다리고 있으리라 기대한다.

우리는 매일매일 죽음을 체험한다. 어제의 나는 오늘의 내가 아니다. 어제의 나는 이미 사라진 존재이며, 오늘의 나는 내일 존재하지 않는다. 우리는 어제의 나와 오늘의 나를 동일시하고 있지만 우리는 변화하는 존재다. 실제로 그렇다. 우리의 신체를 구성하고 있는 세포들은 이미 다 변해 있고, 정신을 구성하는 나의 기억과 감정과 생각 모두 달라져 있다. 세포 속에 있는 유전자만큼은 변하지 않는다지만, 그 유전자를 구성하는 성분은 계속 변한다. 단지 유전자인 신호와 서열만 변하지 않을 뿐이다.

어제의 나와 오늘의 내가 같게 느껴지는 이유는 기억의 연속성 덕분이지만, 이 또한 잠들 때 연속성이 끊어진다. 더구나 기억의 연속성은 증명할 길이 없다. 우리가 그렇게 믿을 뿐이다. 내가 계속해서 나라고 여길 뿐이다. 우리는 존재의 죽음을 의식할 때 삶의 순간순간에서 죽음을 발견하게 되며, 순간순간 삶에 충실할 때 삶의 소중함을 깨닫게 된다. 현존재의 죽음을 체험해 성숙한 자아는 현존재에 머물지 않으며, 비로소 현존재로서의 한계를 초월한다. 인간으로서의 절대적인 종말, 흔히 말하는 죽음의 체험은 삶의 마지막 순간 또한 현존재의 단절이 아니라 연속이라고 이해할 수 있다.

누구나 죽음 앞에서 두렵고 당당히 맞서기 어렵다. 그러나 누군가 고난과 좌절에도 실망하지 않고 마지막까지 살아가는 모습을 볼 때 우리는 죽음이 두렵기만 한 것은 아님을 알게 된다. 우리는 서로에게 좋은 본보기가 될 수 있다. 다른 이들이 찾은 죽음의 의미를 인정하고 자신이 찾은 죽음의 의미를 공유하면서 다시 삶의 참 의미를 깨달을 수 있는 계기를 마련할 수 있다. 그렇게 죽음으로 새로운 삶이 시작된다는 믿음을 갖는 것이, 공간적 연대성(공동체성)과 시간적 연속성(영속성) 속에서 품위 있는 죽음을 좇는 가장 인간다운 길이다. 나는 이 세상과 헤어지는 마지막 순간에 내가 사랑한 사람들에게 조용필의 〈바람의 노래〉를 들려주고 싶다.

내가 아는 건 살아가는 방법뿐이야

보다 많은 실패와 고뇌의 시간이

비켜갈 수 없다는 걸

우린 깨달았네

이젠 그 해답이 사랑이라면

나는 이 세상 모든 것들을 사랑하겠네

나는 품위 있게 죽고 싶다

죽음으로 완성하는 단 한 번의 삶을 위하여

초판 1쇄 인쇄 2021년 11월 26일
초판 2쇄 발행 2022년 1월 14일

지은이 윤영호
펴낸이 조민호

펴낸곳 안타레스 유한회사
출판등록 2020년 1월 3일 제2020-000005호
주소 서울시 마포구 신촌로2길 19 마포출판문화진흥센터 314호
전화 070-8064-4675 팩스 02-6499-9629
이메일 antares@antaresbook.com
블로그 blog.naver.com/antaresbook 포스트 post.naver.com/antaresbook
페이스북 facebook.com/antaresbooks 인스타그램 instagram.com/antares_book

ⓒ 윤영호, 2021(저작권자와 맺은 특약에 따라 검인을 생략합니다.)
ISBN 979-11-91742-08-4 03100